法藏知津

八 編

杜潔祥 主編

第 11 冊

禪茶公案錄（上）

馮天春 編著

花木蘭文化事業有限公司

國家圖書館出版品預行編目資料

禪茶公案錄（上）／馮天春 編著 -- 初版 -- 新北市：花木蘭
文化事業有限公司，2022〔民 111〕
目 24+178 面；19×26 公分
（法藏知津八編 第 11 冊）
ISBN 978-986-518-632-6（精裝）
1. 茶藝 2. 禪宗
011.08   110012083

ISBN-978-986-518-632-6

法藏知津八編
第十一冊   ISBN：978-986-518-632-6

禪茶公案錄（上）

編　　著　馮天春
主　　編　杜潔祥
副總編輯　楊嘉樂
編輯主任　許郁翎
編　　輯　張雅淋、潘玟靜、劉子瑄　美術編輯　陳逸婷
出　　版　花木蘭文化事業有限公司
發 行 人　高小娟
聯絡地址　235 新北市中和區中安街七二號十三樓
　　　　　電話：02-2923-1455／傳真：02-2923-1452
網　　址　http://www.huamulan.tw 信箱 service@huamulans.com
印　　刷　普羅文化出版廣告事業
初　　版　2022 年 3 月
定　　價　八編 22 冊（精裝）新台幣 50,000 元

禪茶公案錄（上）

馮天春　編著

作者簡介

馮天春，男，雲南普洱人，哲學博士，現就職於雲南省社會科學院宗教研究所，主要研究中華經典詮釋學、佛道教哲學、心理學、禪茶文化。擅長將禪修技術、性命之學與心理學融合，解決心智成長與身心問題。同時，致力於中華傳統文化與禪茶康養、睡眠改善、身心管理等領域的研訓、抒寫，提倡和實踐「經典深度閱讀法」「中國心學」。目前主持國家社科基金項目《雲南禪宗史》，完成著作《〈壇經〉大生命觀論綱》（合著）《入〈壇經〉注》《藏漢佛教修道次第比較研究》《禪蹤》《禪茶公案錄》《禪茶藝文錄》《禪茶論典錄》等，另已發表學術論文二十餘篇。

提　　要

　　禪茶向來靈動深活，其精髓源於茶的用心品飲和禪的深度修學。從古至今，禪茶文化理念、禪茶實踐資源最為集中之處其實是禪茶公案。當代禪茶文化的建構如想取得實質性突破，則應須從禪茶公案中汲取養料，接通傳統與現代之間的道性傳承。基於此，本書對歷代禪茶公案做了一次相對全面的梳理，選擇其中較有代表性者 700 則，在點校基礎上列出題名，並按一定禪茶境界次第進行編錄、展現；同時，也對禪茶內在精神及其休閒煉養功能做了相應闡述。既可為禪茶研究提供文獻及理論參考，也可作為瞭解禪門奧藏、品味禪茶神韻的閒散讀物。

本書為中國（昆明）南亞東南亞研究院 2021 年度一般項目《禪茶康養服務和融入「健康雲南」建設的實踐路徑研究》（批准號：YJ202135）最終成果。

目

次

緒論：禪茶與休閒煉養

一、禪茶閒學

禪茶意義上的「閒學」，絕非散漫、懈怠、無所作為，更非脫離社會、談玄標高，而是指向生命的清淨、從容，以及自我療愈。長期以來，我一直試圖以閒人的心態來做禪茶文化，悠閒地做，慢慢而踏實地出活，使之既能做出學術的「活性」，又能成為豐富生活、蘊養生命的一生志趣。絕大部分時候，我還真是做到了：幾年間，有意無意處，研讀、輯錄了大量茶道文獻，此《禪茶公案錄》即是成果之一。過程繁則繁矣，但零星、用心、悠悠然而做，卻也樂在其中！

大凡談及禪茶，人們第一印象多是「禪茶一味」「吃茶去」，卻未深廣瞭解禪茶最濃厚的氛圍、最核心的內蘊還在禪門其餘大量公案軼事中。當前也確實很少見學人專題收集、解說禪茶公案，也許是因為更多人的學術興趣點不在於此吧。我只知道，現代禪茶若想全面展現自身渾厚、透脫的生命力和時代價值，還是必須深度接通傳統禪茶的神魂。我願意來做這項工作！

無意間關注禪茶公案後，我欣喜於此類公案的多不勝數和靈動活潑，在目前所見典籍中，我至少發現了 1000 餘例。只不過有的缺乏代表性，而有的又屬反覆引用或大同小異，便略加篩選，收錄其中 700 則，以一葉知秋，見證歷代禪門茶道諸事。本書所輯，又根據內容偏向，初步分為四編。四編之間，有一定程度的禪茶境界次第。

第一編，禪茶閒話。計 130 則。此類公案主要突出逸聞、閒情，以及與禪相關的茶文化。其中有些並非絕對意義上的「禪宗茶」，也有涉及總體佛教

範疇或淨土、天台、文士記錄的相近者。這一編內容，可大概看出禪茶的源流、題材，和整體文化語境。

第二編，**茶境參究**。計 200 則。這類公案是禪茶公案的主要構成者。在禪門，茶從來不是單純的飲品、產業，而是一種貫穿內外的生活意境、參究手段。禪門向來最善於營造以茶為背景的談禪論道、參究本性活動，甚至是直接以茶為對象展開禪悟。例如，以喝茶為背景的「茶話」「茶歇」。此編內容，可視為較日常、平緩、與茶有關的禪門參修記錄。

第三編，**禪家絕手**。計 195 則。絕手，乃為突出禪茶公案直擊本性的快、準、狠，凌厲透澈地指向心念業識的截斷、本心的綻放，如「趙州茶」「百丈三訣」。許多禪者的開悟頓斷，都發生在茶者的高明堵絕中，或吃茶的最無意處。這類公案，實際上是「茶境參究」的更深一層，多記錄著離言絕念之下的身心決破。

第四編，**吞吐隨緣**。計 175 則。所謂吞吐，意在描繪禪茶手段的高超、境界的深邃、氣象的宏大，更有感於禪者茶者出入自性時的透脫、圓融。在禪門，禪茶逐漸成為禪者寄託性情、安居生命的形式和對象。許多修行得道者，常在此茶境中隨緣出入，殺活自在，可以吃茶，玩茶，遊戲生活，完全一片自由、光明的氣象。這類公案，乃為展現禪茶中毫無滯澀、飽滿寧靜的生命境域。

筆者所輯，可能已屬當前學界較全面的禪茶公案專題成果。儘管因限於能力、篇幅而許多還未收錄，但已經很具代表性。不過，禪茶，其傳播向來普遍而卻模糊難通，對於本成果，還是要補充說明幾個問題：

第一，禪茶公案多指禪茶方面的代表性言行事蹟，卻非一定要見足「禪茶」二字，而是與此相關、通涵禪性者均可歸入。例如，本書也收集了少量儒者、道者甚至雜家的茶文化公案，其內蘊風神實際上與禪茶相通，或說共屬禪茶所關注的領域。如此既可保持禪茶視野的開放性，也可體現傳統禪茶文化的傳播之廣，影響之深。

第二，關於「禪茶」「茶禪」的辨析。首先，從語義概念上看，二者側重不同。「禪茶」指「帶有禪元素的茶文化」，而「茶禪」則指「以茶為媒介、形態的禪文化」。其次，從倡導者身份來看，知識結構或情感側重於「禪」的，喜言「禪茶」；而側重於「茶」的，則喜言「茶禪」。故不建議拘執於爭論二者，一切名言適時、適人而異罷了。再次，從文化目的上看，禪、茶僅是二

相，不是一。二者用意都指向禪、茶文化的深度融合，不在誰為先後，而在體現一種以禪、茶為形象及內涵的生命價值。在此意義上，無須區別計較二者，看表達習慣而已。有時，所謂堅持、清晰、正理，表面上是對某學術問題的嚴謹辨清，但實質往往是參與者的一孔之見，不過力圖凸顯「自己正確」，我相畢露。如此，心世界起伏動盪，失了清淨從容，早已不見禪心，不入茶性。

第三，切勿混淆禪茶和神秘主義的界限。基於禪茶或多或少含有禪教元素，許多人便賦予其以神秘性。但此處須加申明，「禪宗」本身即是佛教中國化、心性修養理論超宗教化的代表，強行將之束縛在宗教神秘主義領域，本身即違背了禪宗的生命價值意圖。很多人眼中禪茶高深莫測，主要是因其未從禪文化的具體語境去深入理解禪茶，也未客觀發掘禪茶生命化、生活化、休閒化的立體面。禪茶公案中，有些「瘋話」和「不知所云」，其實是禪法參究過程中對「業心」「意識流」的重擊、截斷，許多禪者就是在這「無語」「無對」「罔措」中恍然大悟的。這可以說是禪宗最獨特的生命教育形態。如今，大部分人對此公案的第一反應是急於評斷其對錯、分析其邏輯，實際上，此舉已不幸中了千百年前禪茶公案的「大招」。人們大多活在「業識慣性」中，禪茶之鏡，不差一毫地映顯出了現實人心、生命現狀。禪茶要截斷的，正是當前這種覆藏生命本有光色的「慣性反應」。故而，指向生命的認知和淨治而已，還哪裏來的神秘性？只不過是人們限於自我眼界束縛，不曾認識通透罷了！

第四，禪茶是關涉深度身心、知行合一的特殊領域。當前禪茶名相雖然傳播得極為廣泛，但給人的感覺總是似是而非，大家都無法清晰地抓住禪茶源流、內蘊以及當下如何體貼。現代禪茶文化也確實太散亂、太熱鬧了，缺少某種一以貫之的內藏。甚至，目前還出現了一些倡導、推廣禪茶者的故弄玄虛。禪茶，如無身心上的實際超離，就降格成了唇舌工夫，無法將其真實道性落在具體受用處。我想，解決這一問題的核心還在於回歸於禪的生命體悟、茶的輕鬆品飲，以及專業的學術表達。對此項工作，我希望能略盡綿力！

第五，禪茶並非獨立的現代學科，其形態存在模糊性，定位也具有主觀性。我所做的工作，本身就基於我的實際身心現狀，從自身的學術需求出發而釐清一些東西，可以說帶有我的主觀判斷。別人在這項工作中看到的，肯定又是不同的現象和結論。故而，我從不將自己的研究定位為必然正確而別人的就是謬誤，我只是認真做了這項工作而已！況且，本書所輯也絕非禪茶

公案之全貌，僅只是筆者能力所及且所選較有代表性者罷了！當然，其餘此處捨去未收的，或尚未發現的，筆者會儘量摒棄功利心、急躁心，根據自己的能力，以休閒、樸實、從容的心態慢慢去做！

此外，本書輯錄，雖說是以閒心而做閒學，但最核心的工作不是「果」而是「因」。須是立足於蘊養閒心，有閒心方能治閒學。故而，內中工夫更體現在如何去學習閒、蘊養閒。筆者所做，乃是想以禪茶文化的形式來回應自心，在禪茶研究中同步完善自己的心性品格，同時也將研究成果展現於前，活用於社會。閒學易說，但看看自己的心，到底真閒？假閒？還真是藏不住！從直面自己的心靈現狀和淨化品格追求的角度來說，禪茶最先充滿著的，乃是刀光劍影般的自他對抗、心靈調馴，最見當下人心！閒，無不從點滴踏實的內心淨治工夫中換來！故而此處雖借禪茶說「閒」之結果，但更多還是想談談如何做好「閒工夫」。

二、閒中工夫

記得《禪宗永嘉集》中說，朗禪師邀永嘉玄覺歸去山林，看「青松碧沼，明月自生」，享「名花香果，峰鳥銜將」，玄覺拒絕了，還以禪旨回應：

> 先須識道，後乃居山。若未識道而先居山者，但見其山，必忘其道。若未居山而先識道者，但見其道，必忘其山。忘山則道性怡神，忘道則山形眩目。是以見道忘山者，人間亦寂也。見山忘道者，山中乃喧也。〔註1〕

其大意是：不識道、證道，即使遁入空山，心中也必躁鬧難安；如若道心安穩、純淨，世間正是好清閒。

禪茶也一樣，如不證禪心，不見茶性，就算以禪茶為名，逐求雅趣，同樣不是真禪茶，不得真精神。即使看似在用心煮茶、品飲，心思照樣翻騰不已，充滿是非揀擇，高下彼此，以及焦灼難安！

對於早已透澈生命質地者，禪茶無疑就是一種安頓生命、顯化本心的方式。然而對於絕大多數人，仍必須基於對生命的淨治、調馴，才可能契入禪茶精魂。在此層面講，禪茶首先是一種「工夫茶」，——不是打發時間，而是磨礪生命的方式。此中工夫，約略如下。

〔註1〕玄覺：《禪宗永嘉集》，《大正藏》第48冊，第394頁。

（一）參悟

禪茶，最尋常的界定是有無禪茶相關元素，但事實上，禪的價值理念決定了禪茶須以進入禪的內在世界為根本。其中最基礎的一步，便是以茶作為媒介而進行參悟。這一內容，歷代禪茶文化中向來較為豐富。其參悟，多始於借茶初識人心之迷失。

禪茶最易迷失於何處？當茶作為日常生活品飲，固然是尋常物事；當禪茶直面生命價值，固然也充滿高雅奧藏。然而一旦拘執，刻意追求，到頭來便產生了蒙蔽自心的重力。南朝沈約《述僧中食論》曾談到過這種道理：

> 心神所以昏惑，由於外物擾之。擾之大者其事有三：一則勢利榮名，二則妖妍靡曼，三則甘旨肥濃。榮名雖日用於心，要無晷刻之累。妖妍靡曼，方之已深。甘旨肥濃，為累甚切。萬事云云，皆三者之枝葉耳。〔註2〕

對禪茶的執求，幾乎會涉及上述所說勢利榮名、妖妍靡曼、甘旨肥濃的各方各面，最容易讓飲者拘泥於口欲、虛名、奢華，尤其會使人迷入「禪茶相」，追求禪茶的殊勝高超，實則卻墮入了一種頑固迷昧而不自知。陳繼儒《小窗幽記》中警醒說：

> 今世且有焚香啜茗，清涼在口，塵俗在心，儼然自附於韻，亦何異三家村老嫗，動口念阿彌，便云昇天成佛也。〔註3〕

禪茶之參悟，往往從這些迷失境況的反思開始。高明的禪者會直接從最根本處給予否定、引導，使人認識禪茶的真諦和對照自心的執持。例如雲門匡真就擅長此舉：

> 因吃茶次，舉一宿覺云：「三身四智體中圓，八解六通心地印。」
> 師云：「吃茶時不是心地印。」
> 乃拈拄杖云：「且向者裏會取。」
> 師因吃茶了，拈起盞子云：「三世諸佛聽法了，盡鑽從盞子底下去也。見麼見麼？若不會，且向多年曆日裏會取。」〔註4〕

時人多順口便說「茶即禪、吃亦禪不吃亦禪」。而匡真禪師看透了時人以禪、茶殊勝裝點自我的下意識。吃完茶後，便舉永嘉玄覺行亦禪，坐亦禪，人

〔註2〕沈約：《述僧中食論》，見道宣：《廣弘明集》，《大正藏》第52冊，第273頁。
〔註3〕陳繼儒：《小窗幽記》卷七·集韻。清乾隆三十五年問心齋刊本。
〔註4〕守堅集，宗演校勘：《雲門匡真禪師廣錄》卷中，《大正藏》第47冊，第556頁。

人時時具有三身四智，通達本真心地印的禪語為引子。這是當時僧俗隨口便能背誦的禪門教誡，但多陷於「意解」，無不散發出內心的揀擇分別。隨後，匡真禪師話鋒一轉，直接說「吃茶時不是心地印」，以斬破聽者的固定觀念，引導對方省悟。

禪是從更深廣多維的層面來看解人心的，對於茶，在看似尋常的言行舉止中，均被賦予了禪的心性內蘊。吃茶就不用說了，即使是在採茶活動中，也充滿了參悟元素。例如：

> 問僧：「甚處來？」
>
> 僧云：「摘茶來。」
>
> 師云：「摘得幾個達磨？」〔註5〕

原來，在禪茶的視野中，「採茶」不是採茶行為本身，而是以此為方式的修行，所以禪師追問僧人「摘得幾個達磨」。又如：

> 問僧：「什麼處來？」
>
> 僧云：「摘茶來。」
>
> 師云：「人摘茶，茶摘人？」
>
> 無對。〔註6〕

禪茶範疇中，總會有人以禪者的身份認同採茶、飲茶、賣茶，標榜禪在一切中，自然採也禪，飲也禪，商也禪。然而如不清醒，對於茶的偏好便會心被茶轉，而非心能轉茶。是以公案中禪者發問「人摘茶還是茶摘人」。一旦迷失、偏執，毫無疑問已經是「人被茶摘」。

從這個意義上講，如未開悟見性，所吃只是茶，而非禪茶。這一點，古代禪門的指標極其嚴苛。《虛堂和尚語錄》中載：

> 欽山同岩頭雪峰行腳，會茶次。欽山云：「若不解轉身通氣，不得吃茶。」
>
> 岩頭云：「若恁麼我斷不得茶吃。」
>
> 雪峰云：「某甲亦然。」〔註7〕

欽山、岩頭兩人都認為自己不解轉身通氣，不悟禪髓，故不得吃茶。同樣的事例還有《優婆夷志》中「煎茶婆」以茶勘驗麻谷南泉等人：

〔註5〕守堅集，宗演校勘：《雲門匡真禪師廣錄》卷中，《大正藏》第47冊，第570頁。

〔註6〕守堅集，宗演校勘：《雲門匡真禪師廣錄》卷中，《大正藏》第47冊，第567頁。

〔註7〕妙源編：《虛堂和尚語錄》，《大正藏》第47冊，第1057頁。

麻谷同南泉三人，去謁徑山，路逢一婆，乃問：「徑山路向甚處去？」

婆曰：「驀直去。」

麻谷曰：「前頭水深過得否？」

婆曰：「不濕腳。」

又問：「上岸稻得與麼好？下岸稻得與麼怯？」

婆曰：「總被螃蟹吃卻也。」

又問：「禾好香？」

婆曰：「沒氣息。」

又問：「婆住在甚處？」

婆曰：「祇在這裡。」

三人至店，婆煎茶一瓶，攜盞三隻至，謂曰：「和尚有神通者即吃茶。」三人相顧間，婆曰：「看老朽自逞神通去也。」於是拈盞傾茶便行。〔註8〕

從公案來看，參謁徑山的三人雖是禪人，但顯然守不住心中方寸，「閒不住」，總在找話題詢問攀談。煎茶婆有意挑戰三人的修持道地。當煎茶出來時，對三人說「要有神通的和尚才能吃茶」。這一刻，三人猶豫了，不吃又口渴，吃又擔心神通有無之說。一刻間，煎茶婆拎起茶壺走了，還說：「看來還是只有自己才夠得上吃茶資格。」當時麻谷南泉等還未究竟透徹，於此禪茶之間竟找不到下口處。故而即使眼前有茶，也喝不出茶的自性之味。後來，明代憨山從一個覺悟者的角度為三人解了這個難題，他評論此則公案說：

本店客無放過，滴水誓不喬賒。

傾倒能知真味，森羅總在杯茶。〔註9〕

言下之意，莫動分別心思，直心喝茶就能喝出茶中真味，就能了知一杯茶所顯現的心中萬象。

許多場景下，茶的功能已經超越日常品飲，禪門其實最喜歡通過茶為媒介來進行反問、參悟、考評，以作為指向內心、參禪悟道的重要途徑。

〔註8〕圓信、郭凝之編：《優婆夷志》，《卍續藏》第 87 冊，第 215 頁。
〔註9〕圓信、郭凝之編：《優婆夷志》，《卍續藏》第 87 冊，第 215 頁。

（二）觀照

由於天然屬性符合禪價值、審美的選擇，茶被賦予了獨特的禪性，「觀照」即是禪法注入「禪茶」的重要行為：觀是覺觀，照是寂照。「觀照」是禪茶的基礎性步驟，也是超越茶藝表演而步入以茶修禪的實質性階段。

在禪門看來，雖然人人具有自性，但常常迷失於業力掌控，致使生命在無知無覺中隨業力慣性遷流。要重回正途，安住本心，就必須觀照、識清自身的業心運作。《壇經》對此原理曾作過強調：

　　若起正真般若觀照，一剎那間，妄念俱滅。〔註10〕

言下之意，如能真實建立起觀照的能力，就可以脫離妄念業識的控制。禪門茶道中也一直貫穿著這種理念，並設計了一系列有助於「觀照」的方法程序。較普遍者有如下三類：

第一類，修行間隙的「茶歇」。這是禪門常用的延續禪修狀態的方式。在聽受禪法講傳或參修之後，往往有間歇調整，其方式主要是茶歇。禪法講究修習的不間斷、不放逸，所以其間參修者往往借「茶歇」或參究話頭，或默照觀心。這種方式，現代禪文化中依然突出。

第二類，具有戒律性的茶事。唐以降，禪茶在禪門生活、修學中的作用越來越大，甚至為了更有效地輔助禪修，竟將茶的運用形成了制度。如《百丈清規・法器章》及「赴茶」「旦望巡堂茶」「方丈點茶行堂茶」「請齋茶」等條文中，就明確規定了禪茶制度及其次第，甚至直接就在談觀照。再如《禪苑清規》卷一「赴茶湯」云：

　　吃茶不得吹茶，不得掉盞，不得呼呻作聲。取放盞槖，不得敲
　磕。如先放盞者，盤後安之，以次挨排，不得錯亂。左手請茶藥，
　擎之，候行遍相揖罷方吃。不得張口擲入，亦不得咬令作聲。茶罷
　離位，安祥下足。問訊訖，隨大眾出。〔註11〕

其過程中，禪僧、飲者之言行點滴嚴格，井然肅穆，一絲不苟，安詳從容。其目的多為覺察當下狀態，收斂身心。

第三類，化為儀軌性的禪茶程序。該特徵在現代禪茶藝術中尤其突出。如較為流行的禪茶十八式，從佛教經論中吸取典故，將禪茶具體化為如下步驟：

〔註10〕惠能：《壇經》，《大正藏》第 48 冊，第 351 頁。
〔註11〕宗賾：《禪苑清規》卷一（武夷虞知府宅書局刊行重雕補注本），《卍續藏》第
　　　63 冊，第 526 頁。

一禮佛：焚香合掌；二調息：達摩面壁；三煮水：丹霞燒佛；
四候湯：法海聽潮；五洗杯：法輪常轉；六燙壺：香湯浴佛；七賞
茶：佛祖拈花；八投茶：菩薩入獄；九沖水：漫天法雨；十洗茶：
萬流歸宗；十一泡茶：涵蓋乾坤；十二分茶：偃溪水聲；十三敬茶：
普渡眾生；十四聞香：五氣朝元；十五觀色：曹溪觀水；十六品茶：
隨波逐浪；十七回味：圓通妙覺；十八謝茶：再吃茶去。〔註12〕

此其初衷在於調靜心氣，借茶而見當下人心。然從現代社會中的禪茶實踐來看，此十八式多被視為帶有佛教文化元素的「茶藝表演」，並未達到照見人心的預期。可知禪茶真的不在精緻與否，而在心空事靜。

毫無疑問，上述三類禪茶形式飽含佛禪意趣，同時也是較為人熟知的禪茶意象。不過，從現代人的接受來說，禪茶似乎越來越空泛了，不知如何下手。在歷次禪茶實踐中，筆者對「觀照」做了一些總結，將其稍加具體化，以可按圖索驥。

一者，觀照自我身份之認證。準確地說，這是反觀人我執著的第一步。絕大部分人在禪茶的參與中還是帶著極重的身份觀念。例如，我是官員商人在喝茶，我是文人白丁在喝茶，我是僧俗在做禪茶。對自我身份之執持認證，可能會帶來聲名上的滿足感，卻是對禪性的覆蓋和傷害。將自己設定為禪茶佛茶的身份，其隱義是「與眾不同」。然而，正是這種分別心導致禪、茶分離。在這一念分別面前，參與者應當靜靜地感知自己的思維、言行，一定程度上從「我觀念」的業惑中脫離，進而回歸身心正途。這一點，可對照唐代王敷的《茶酒論》而自察，其文「我相」百出，令人警醒。

二者，觀照對茶、器、侶等的分別心。飲茶者最易糾纏於茶、器、境等的上中下品，又或認為某人品位不足，不願共飲。這些方面，陸羽《茶經》極盡講究之能事。其文雖說精良、全面、完善，甚至開創了體系化的茶道理論，但是細心人依然可以從中發現較為明顯的特立計較之心。事實上，帶著這種以個我為中心的茶者，即使遇到所謂的禪茶知音，往往也是兩個偏執者的瞬間共振。隨之而來的，常常是理直氣壯的發洩、抱怨、揚己抑他，攪亂了茶桌上應有的清淨，更陷入無知無覺的迷失！

〔註12〕禪茶十八式不知具體由何人歸納，在當前禪茶界較有代表性。此處稍作整理而引錄。

　　三者，品飲中的觀照。從禪茶角度看，茶桌之上，何嘗不是人心戰場！或是相互間的角逐較勁，或是自心中的焦躁難安，又或是散漫放逸而以為見性自然。有心體味禪茶者，於此卻正好是用功處。例如，覺照入飲前的言行心靈，是否還帶著之前商場、官場、家庭中的情緒擔憂？這些情緒、擔憂的實質是什麼？又如，靜看喝茶人的舉止：不斷喝，不喝不自在，越喝口越乾；而泡茶人，不來回動手泡茶就坐不住。再試想：如果幾個人之間沒有茶盞茶桌，心未依附在茶上，彼此間如此相圍而坐，能做到空無自在嗎？更多的飲茶人，並不是心已經安靜下來了，不過是僅僅將心執著在茶上而已。這樣的禪茶，空有名相；飲者，心靈依然在浮動難安！

　　四者，由觀照茶的染淨推而及人，自觀自照。實際上，茶與人一樣，極易被染。在人的生命中，凡經歷過的一切，都絲毫不差地被堆積入含藏，覆蓋禪性。茶也一樣，真正進入禪茶品飲者會發現，每一次沖泡中，喝到的都是茶生長、採摘、收存等環境的味道，甚至是泡茶者的情緒、感覺。尤其是陳年普洱，炒曬、發酵、收藏、農殘等，都會一層層隨著深入泡飲而出。直到最後，茶淡了，味淨了，才真了，普洱最清晰的本性也出來了。「觀照」就是這種道理，如泡茶一樣，自性虛存，一層層抽絲剝繭，將覆蓋在自性上的「人我諸業」剝離、照化，生命便最終呈現以清淨無染！

　　人的生命可以說是一匹烈性野馬，觀照過程就是馴服野馬的過程。禪茶品飲是一種非常細膩的涵養心神的工夫。日常間，絕大多數人活在奔忙、焦灼的粗身粗心中，無知無覺。而禪茶品飲時，有一個相對安靜的環境，心靈的起伏、動向就會被無限放大。越進入細身細心，則越可體驗生命的深層奧妙。從禪修的角度來看，這正是發現自身業心運作和證見自性的絕佳時機。

　　事實上，此時的禪茶是一種較為有效的禪門修學方式，通過觀照禪茶行為中自我的身心表現，最終契入深層的生命本源。觀照的過程，如果善於運用，確實是在貫徹禪的核心與要領。參與者如細心一點就可發現：茶性、禪性，背後有一個根本標準——自動顯現者、深層觀照者。只有在此「本性」層面，業力才是虛幻的。因觀照而使業積自動漂浮起、脫離出，生命才不會被污染、裹挾。這就是《心經》中說的「觀自在菩薩，行深般若波羅蜜多時，照見五蘊皆空，度一切苦厄」〔註13〕，是「甚深」而非尋常的般若波羅蜜。因此，「觀照」其實有兩層：一為主動訓練，反思省察；二為般若發顯，自覺自

照。二者互為因果，實為一體之不同階境。故在筆者看來，禪茶並不僅僅是建立一種或幾種境界，更重要的是提供有效的參省方法及深度的生命體驗，使禪茶不至於成為一種空談。

（三）歇心

禪茶的世界裏，處處飽含著體證生命本來面目的智慧，它將整個生命映照得清清楚楚：還在向外尋逐著什麼？擔憂著什麼？並且指向這一切心理的深層：是什麼擾亂了自心的正常秩序？心太狂亂了！欲望太強烈了！我們的心需要歇下來，安住下來！

禪宗「歇心」的本意是：調順心靈，使之按照本心的規律進行合理作為，從而靜靜地安住於當前的物事中。與「觀照」相比，「歇心」的目標指向更為明確，並且所修所悟已初見成效，更進一層：浮動不安的人心已一定程度上專純、棲歇下來。這並不是否定人作為人而存在的本質屬性如活動著的意識、生存的基本需求、社會價值的實現等，而是在禪的視野中來看清一切，整合一切，優化一切。《黃檗山寺志》中載：

> 甲寅春，檗山謁本師廣超老和尚。吃茶次，本師問：「年多少？」
> 答云：「二十有二。」
> 本師云：「貌何老也？」
> 答云：「煩心。」
> 本師云：「心在什麼處？」
> 當時被徵，無言可答。
> 本師拈龍眼云：「請。」
> 又不能酬對，遂求掛塔。雖在禪堂參請，而終日迷悶，不知心在甚麼處。因入侍僚，朝夕諮叩。〔註14〕

煩心，故容顏易衰老。為何煩心？當然是因為心歇不下來。公案中，吃茶後，廣超禪師順勢問檗山為何衰老，檗山回答因為心煩。廣超進一步追問「心在什麼處」，檗山一時語塞，不知如何對答。實際上，從禪修的視角看，語塞、無對，便是業力慣性減弱甚至停歇的表現，只是許多人不知此時已經初步歇心，未能更進一步追逼。

〔註14〕重興隆琦隱元等輯，獨往等編訂續修：《黃檗山寺志》卷三，見杜潔祥主編：《中國佛寺史志彙刊》第三輯第4冊，丹青圖書公司，1985年，第192頁。

禪從最深層、最細微的本心視角來觀照生命，故而知曉生命的任何一絲浮動起滅。禪宗眼中的人類心靈常態是這樣的：

> 觀人生之天性，抱妙氣而清靜，感物外以動欲，心攀緣而成眚。過常發於外塵，累必由於前境。懷貪心而不厭，縱內意而自騁。耳流連於絲竹，眼轉移於五色，香氣酵起觸鼻發識，舌之受味甘口噉食，身之受觸以自安怡。細腰纖手弱骨豐肌，附身芳潔觸體如脂，狂心迷惑倒懸自欺，如是六塵同障善道。方紫奪朱，如風靡草，抱惑而生，與之偕老。〔註15〕

言下之意，人類的心靈隨時遭受各種內外欲望的遮蓋，對欲望的追求停不下來。由此，生命的深廣度就被侷限在眼、耳、鼻、舌、身、意之表層。這些欲望有其強大的慣性力量以及久遠、深藏的根源，十分頑固強烈。一方面，人們受業根之控制，很難發現這種欲望迷失；另一方面，即使看到這些欲望，但因業力之強勁而很難將其停歇。禪茶文化中，恰好有無數用以截斷意識流而歇心的高超思路、方法。此處略舉二種。

第一種，寄情茶飲，逐漸調順身心。這是諸多文人禪者喜好的方式。如明代周履靖《茶德頌》便充分表達了這種雅好：

> 有嗜茶茗友，烹淪不論夕朝。沸湯在須臾，汲泉與燎火。無暇躡長衢，竹爐列牖，獸炭陳爐。盧仝應讓，陸羽不如。堪賤羽觴酒舸，所貴茗碗茶壺。一甌睡覺，二碗飯餘。遇醉漢、渴夫、山僧、逸士，聞馨嗅味，欣然而喜，為掀唇快飲，潤喉嗽齒，詩腸濯滌，妙思猛起。友生詠句，而嘲其酒糟，我輩惡醪啜其湯飲，猶勝醬糟。一吸懷暢，再吸思陶。心煩頃舒，神昏頓醒。喉能清爽而發高聲，秘傳煎烹淪啜。真形始悟玉川之妙法，近魯望之幽情。燃石鼎儼若翻浪，傾磁甌葉泛如萍。雖擬酒德頌，不學古調詠螟蛉。〔註16〕

這是從直觀感受上來描述飲茶，當做一種雅趣追求。如果從更深一層的調順心靈而言，禪門中多用一些引申參究以轉化觀念，潤化身心。有一則公案說：

〔註15〕覺岸：《釋氏稽古略》，《大正藏》第 49 冊，第 800 頁。

〔註16〕周履靖：《茶德頌》，《古今圖書集成》第 87 冊，臺北文星書局，1964 年，第 184～185 頁。

心田趙居士設茶，請示眾。（師云：）「佛說僧為淨福田，福田端的在心田。心田居士信福田，為種福田到象田。教中較量福田功德云：『飯惡人百，不如飯一善人。飯善人千，不如飯一持五戒人。乃至飯三世諸佛，不如飯一無心道人。』畢竟何等樣的是無心道人？惟有真參實悟的。衲僧不求諸聖，不重己靈，淨裸裸，赤灑灑，沒可把。終日吃飯不曾咬著一粒米，終日穿衣不曾掛著一縷絲。方可為無心道人。今晚心田居士設茶供眾，結般若緣，大眾相聚，吃杯茶。且道還從口入麼？如從口入，必然灌溉心田。既灌溉心田，平日所參知識，所有般若種子自當發生。」〔註17〕

這是「心田居士」以茶宴供請即念禪師等，禪師活用當下事來談「般若茶湯灌溉自性心田」，無形中便將一場尋常茶宴提升到了禪悟的境界。由於這種方式的特徵本來就是平靜、清雅，所以很多人在茶境下暫時樂而忘憂，見茶息心。但是，伴隨著茶飲的結束，常常是以往的各種欲望、業惑又開始如初，灼燒內心了。這種茶飲多無法真正令人歇心，不過卻是當前禪茶實踐所能到達的主要層級。

第二種，運用與茶有關的參究方式斬斷當下心流，以契入自性體驗。我們可從幾則公案開始解讀。

常人的業力慣性很難覺察，其特性是跟隨外境而反應，背覺合塵，——但是，明師可讓這一迷失瞬間露出真面目。如雪嶠信禪師這樣提點修行僧：

僧問：「如何是生死大事？」

師云：「汝今年多少？」

僧云：「三十九歲。」

師云：「且如三十九歲前汝在何處安身？」

僧無語。

師云：「這個便是生死。」

（僧）進云：「要見在何處迷起？」

師舉茶杯云：「這個喚作甚麼？」

僧云：「茶杯。」

師云：「向這裡迷起。」〔註18〕

〔註17〕淨癡、本致輯錄：《象田即念禪師語錄》，《嘉興藏》第 27 冊，第 162 頁。

〔註18〕弘歇等編：《雪嶠信禪師語錄》，《乾隆藏》第 153 冊，第 752 頁。

迷失者的慣性反應是問什麼就答什麼，舉「茶杯」就自動答「茶杯」，喊姓名就自動應姓名。從世俗習慣來看並無不妥，但從禪來看心，則可看到心的毫無主意，毫無覺解，一切隨外境而遷流，「陷入生死」——這就是業惑。故而禪師才說「向這裡迷起」。要出離業惑，就要在此迷失處下手。截斷這種不懂收放，只會一條道直走到黑的人心模式。處理這種情況，趙州從諗的「吃茶去」更廣為人知。

> 師問二新到：「上座曾到此間否？」
>
> 云：「不曾到。」
>
> 師云：「吃茶去。」又問：「那一人曾到此間否？」
>
> 云：「曾到。」
>
> 師云：「吃茶去。」
>
> 院主問：「和尚，不曾到，教伊吃茶去即且置，曾到，為什麼教伊吃茶去？」
>
> 師云：「院主。」
>
> 院主應諾。
>
> 師云：「吃茶去。」〔註19〕

對此公案，當前學界的主要觀點是其體現了禪茶在禪門日常生活中的重要性，極簡極易，禪蘊深長，或者被視為帶有魏晉風度性質的禪趣。但是，從禪門參修目的來說，這一則公案顯然更有深意：截斷參修者的意識慣性，當下契入念頭空白狀態，同時也顯露以自性本真。在此深意下，趙州和尚「吃茶去」的意味也被提升到了另一個階境。

當局者包括研究者絲毫不懷疑趙州從諗與僧人的問答是一種「意識的陷阱」，一問一答，再正常不過了。但是，人類思維意識的特點不就是這樣嗎？這正是參學者業力的常態。趙州突然插入一句：「吃茶去。」參學者立刻會莫名其妙，甚至愣住了。這一刻不就短暫地「歇心」了？趙州和尚希望出現的就是這一刻。但是，出於思維業識慣性，暫短歇心之後（參學者常常意識不到自己已經出現了歇心的體驗），參學者便動用腦袋推理開了：「這句莫名其妙的話是什麼意思？是祖師聽錯我的話了還是另有深意？吃茶去，哦，原來是讓我靜下心來吃茶修行，平平淡淡平常心。」道理不錯，但這一刻，參學者又落入意識心的陷阱而不自知。所以，趙州再次以這句極其日常但與此情此

〔註19〕贖藏：《古尊宿語錄》，《卍續藏》第 68 冊，第 88 頁。

景無關的話語讓人「糊塗」，又截斷聽者的意識心流。同理，當旁邊的院主也正在動用思維推理趙州的言下之意，趙州又說了：吃茶去。

諸如此類，這些看似莫名其妙的禪茶公案都在為一個根本目的服務：阻斷旺盛的意識心，覺知自己的迷失現狀。包括我們自身的研究也一樣，如果再按照時代背景、禪師思想、表述邏輯等一系列「合理」因素去試圖推究出一個結果，雖然「治學有術」，卻正好陷落在自己的業力慣性中。看見了嗎？人的意識心就是這樣運作的。

是誰看見的？歇心了，是自性自然自見。

所以，禪門祖師言行看似毫無道理，故弄玄虛，但無時無刻不在反覆做著同一件事情：截斷意識流，歇歇心；或任業心自流、自起、自散，而本性自在自作，自顯自觀，本自空空浩渺，無此有無心。

相比較之下，秀野林禪師則更是說得直截，做得凌厲：

> 師吃茶次，問行者：「看的甚麼話頭？」
>
> 者云：「竹篦子。」
>
> 師舉茶杯云：「喚作茶杯則觸，不喚作茶杯則背，汝喚作甚麼？」
>
> 者一喝。
>
> 師云：「喝即任喝，這裡不許思量，卜度直下道道看。」
>
> 者擬議，師以茶潑之。〔註20〕

林禪師的目的不在於僧人吃不吃茶，叫不叫茶的名字，而是讓其「不許思量」，還以茶潑之追逼。不許思量，不用思維是死了嗎？不是，「恰恰用心時，恰恰無心用。無心恰恰用，常用恰恰無。」〔註21〕人心狂亂，本心匿藏；一旦歇心，自性真相。在這種境界下，人心空空，茶就成了禪者把玩安心之妙物。如仰山慧寂描述自己：「滔滔不持戒，兀兀不坐禪。釅茶三兩椀，意在鑷頭邊。」〔註22〕再如虛云「飯罷茶餘無個事，白雲為我掩柴扉」〔註23〕，平淡，逍遙，一切事有條不紊，哪還看得見人心的狂亂！

〔註20〕最正等編：《秀野林禪師語錄》，《嘉興藏》第 36 冊，第 594 頁。

〔註21〕普濟：《五燈會元》，《卍續藏》第 80 冊，第 48 頁。

〔註22〕圓信、郭凝之編集：《袁州仰山慧寂禪師語錄》，《大正藏》第 47 冊，第 584 頁。

〔註23〕淨慧主編：《虛雲和尚全集》（詩偈），河北禪學研究所，2008 年，第 23 頁。

在禪茶影事中，迷人看見的是茶，是茶杯，或是吃茶去，但是，禪者看見的是人心的愚迷常態及運作實質。歇心之時，茶就是本味，茶就是禪。茶飲果真就變成無憂無懼，安然從容。借著茶語茶相，禪門發出了可視為人類生命史上最偉大的探索與實證。——除了浮動不堪、思慮不止的意識心外，還有潔淨不染、永恆不動的本心空性。

據此看，「歇心」也有兩層意思：第一，作為直接有效的明心見性之法，使心歇下來；第二，必然有一個永恆寂靜，本來就靜靜停歇著的「本心」，才能映顯出當前之心的盲動、狂亂。也必然要棲歇於那永恆清淨的「本心」，才能夠不受業心裏挾，真正「歇下心來」。

（四）頓斷

禪茶的本質是以眼耳鼻舌身意六根觸受為媒介來悟道。從佛教理念來說，六根均能見道。在參究到最無心無意無念處，「六塵—六根—六識—業種」之間的一體性、吸附性相對單薄，甚至處於內外隔斷之際，故而任何一種對象都有可能打破內心執境，瞬間頓悟見性。眼觀處、耳聞處、鼻嗅處、舌嘗處、身受處、意覺處，均能成為突破口。因歷來禪門以茶作為參悟媒介、修學背景的份額極多，故在茶的環境下頓斷開悟往往極為尋常。大慧宗杲《宗門武庫》中記錄了一例因茶開悟頓斷的公案：

> 法雲杲和尚，遍歷諸家門庭，到圓通璣道者會中。入室次，舉趙州問投子：「大死底人卻活時如何？」
>
> 子云：「不許夜行，投明須到。意作麼生？」
>
> 杲曰：「恩大難酬。」
>
> 圓通大稱賞之。後數日，舉立僧秉拂，機思遲鈍，闔堂大笑，杲有慚色。次日特為大眾茶，安茶具在案上，慚無以自處。偶打翻茶具，瓢子落地跳數跳，悟得答話，機鋒迅捷，無敢當者。
>
> 復至真淨處，因看祖師偈云：「心同虛空界，示等虛空法。證得虛空時，無是無非法。」豁然大悟。[註24]

公案中，杲和尚雖有所悟，但仍然在機鋒對接處顯得遲鈍，不知如何應變，因此慚愧難容。實則是內心依然拘謹壓迫，不曾開放。不過，從參悟的實質來說，卻同時醞釀著疑情、反思。在吃茶飲宴中，杲和尚失魂打翻茶具，

〔註24〕道謙編：《大慧普覺禪師宗門武庫》，《大正藏》第 47 冊，第 947 頁。

看到茶瓢落地跳來跳去，一時因緣觸破，突然開悟，自此機鋒迅捷，任運迴旋。

又如近代高僧虛雲老和尚，則是離我們較為接近的例證。老和尚在打七中，因茶杯破碎而破空證境：

> 至臘月八七，第三晚，六枝香開靜時，護七例衝開水，濺予手上。茶杯墮地，一聲破碎。頓斷疑根，慶快平生，如從夢醒。自念出家漂泊數十年，於黃河茅棚，被個俗漢一問，不知水是甚麼。若果當時踏翻鍋灶，看文吉有何言語。此次若不墮水大病，若不遇順攝逆攝，知識教化，幾乎錯過一生，那有今朝。因述偈曰：
>
> 杯子撲落地，響聲明瀝瀝。
>
> 虛空粉碎也，狂心當下息。
>
> 又偈：
>
> 燙著手，打碎杯，家破人亡語難開。
>
> 春到花香處處秀，山河大地是如來。〔註25〕

這已經是較為深度的開悟，乃真實體悟到了內心脫離既往業力裏挾的清淨。這個界點發生時，即真正體悟到了禪茶的內在「閒精神」。

更有甚者，工夫純熟處，直接啜茶往生，乾淨灑脫。《佛祖統紀》中載：

> （擇卿）平時喜茶，臨終之頃謂門人曰：「晨鐘鳴即來報。」至時啜茶一甌，書偈而化。〔註26〕

還有那隨意玩味生死形象的雪嶠信禪師：

> 順治丁亥中秋，謂弟子曰：「古人立化的也有了，坐亡的也有了，至倚杖倒卓都有了。畢竟老人，怎生去好！」語訖大笑，書片紙曰：「小兒曹，生死路上須逍遙。皎月氷霜，曉吃杯茶，坐脫去了。」乃入寢室，憨臥數日，忽起坐，索茶而啜，連唱雪花飛之句，擎杯脫去。世齡七十七，瘞全身於雲門。〔註27〕

如此也可見茶在禪者從生到死過程中的難以替代，不但是日常之飲品，也是修行之媒介，甚至還是了結生死大事時的清淨物。

〔註25〕虛云：《虛雲和尚自述年譜》第四十四，光緒二十一年乙未五十六歲。

〔註26〕志磐：《佛祖統紀》卷十四，《大正藏》第 49 冊，第 222 頁。

〔註27〕自融：《南宋元明禪林僧寶傳》卷十五・雪嶠信禪師，《卍續藏》第 79 冊，第 654 頁。

上述的參悟、觀照、歇心、頓斷，實際上是禪茶作為禪家修持媒介的作用處，體現著禪茶休閒煉養方法之重點。真正歷經四層工夫鍛造者，對自心之理解、調御都能更上層樓，再不被病患、焦灼、妄作所支配干擾，可以說已還我以生命之輕盈與安居！

三、閒人茶事

閒中工夫，最主要的內涵是「獲得閒的能力」，禪茶之閒，是掃除干擾、裹挾生命的那些雜質，獲得輕盈、專注，以及無窮的生命開放性。故而，真正的閒人，往往具有非常明顯的特徵：身體康健，充滿生機；思想清晰，充滿創造力。

（一）茶事中的閒心

禪家最善於說閒，其中能完成生命質地超越，隨心安居於紅塵世外者，亦稱無事閒人。溈山靈祐說：

> 若無如許多惡覺情見想習之事，譬如秋水澄渟，清淨無為，澹泞無礙，喚他作道人，亦名無事人。〔註28〕

臨濟慧照說：

> 求心歇處即無事。切要求取真正見解，向天下橫行，免被這一般精魅惑亂。無事是貴人，但莫造作，祇是平常，爾擬向外傍家求過覓腳手錯了也。〔註29〕

懶庵需禪師說：

> 三月安居，九旬禁足。物外閒人，何拘何束！青絹扇子足風涼，一任山青並水綠。〔註30〕

這樣看來，「無事閒人」就是無慌亂求馳，不被外緣所擾，心中安住、精神富足，已歷經心性淨治歷程，具備極高心性修養的覺者。

具體到禪茶實踐中，經由工夫磨礪之後，多數人已完成心性的提升，具備了清閒的能力，因此在禪茶語境中，莫不是溫養、保任、安歇，所見者惟閒人茶事而已！如升禪師《天岸升禪師語錄》卷十五中載：

> 僧扇茶次，師問：「唯此一事實，餘二則非真，如何是此事？」

〔註28〕郭凝之：《潭州溈山靈祐禪師語錄》，《大正藏》第 47 冊，第 577 頁。
〔註29〕慧然集：《鎮州臨濟慧照禪師語錄》，《大正藏》第 49 冊，第 497 頁。
〔註30〕晦堂師明：《續古尊宿語要》第五集，《卍續藏》第 68 冊，第 471 頁。

> 僧云：「學人扇茶。」
>
> 師云：「不扇茶時如何？」
>
> 僧云：「隨處得安閒。」
>
> 師便喝。〔註31〕

任你祖師的禪刀茶劍斬來，扇茶僧人只是一心扇茶，不扇茶時，心就收聚安放於空空閒適處，絲毫不亂。

又如，《五燈全書》中描述禪人龍巖真自足安樂，作《樂閒歌》：

> 龍巖真首座，諸方屢聘，高臥不起。嘗作《樂閒歌》，其略曰：「即心是佛，無心是道。萬事但隨緣，自覺身心好。院子從來不要住，便是佛也不要做。律亦不曾持，戒亦不曾破。放行把住總由人，執法修行驢拽磨。要行便行，要坐便坐。也不精進，也不懶惰。一卷三字經，逐日為工課。有時深深海底行，有時高高山頂臥。幾生修得做閒人，肯為虛名被羈鎖。我不輕汝等，從他當面唾。百年能得幾光陰，何必強分人與我。貧也不須憂，富也休粧大。閻王相請無親疏，盡付一堆紅焰火。自家作得主宰，終不隨風倒柁。補破遮寒暖即休，淡飯粗茶隨分過。我作《樂閒歌》，自歌還自和。不是閒人不肯閒，世上閒人得幾個。」〔註32〕

此情景自在自閒，即使世事因緣變遷，也是一堆紅焰火，淡飯粗茶隨分過。在龍巖真看來，這般境界不是散漫放縱，而是建立在「幾生修得做閒人」的艱辛工夫之上。並且，「不是閒人不肯閒，世上閒人得幾個？」絕大部分人是想閒但無法做到。

（二）閒適中的清醒

「禪茶一味」一直被視為禪茶之學的最高境界，意在闡明禪茶的無分別自性圓融。某種程度上是對參悟、觀照、歇心、頓斷、休閒等維度的最終統攝。筆者絲毫不懷疑「禪茶一味」是究極之境，但是，當現代禪茶動輒奢談禪茶一味時，是否應該反思：我們能體味到禪茶一味嗎？在我們的世界裏，禪茶一味是否已經被窄化為一個概念了？從其本有內涵而言，它應該是一個豐富的，具有實踐性的，且有生機的生命修養境界。對此，禪茶大家象田即念禪師一番言論直擊核心：

〔註31〕昇：《天岸昇禪師語錄》卷十五，《嘉興藏》第 26 冊，第 723 頁。

〔註32〕超永：《五燈全書》卷五十五，《卍續藏》第 82 冊，第 206 頁。

且有善吃茶者，才沾唇便知此是天池，此是龍井，此是松蘿，一毫也瞞他不得，那裡不是他知味處？大都不知正味耳。諸仁者要知正味麼？須向未吃茶時識取。若識未吃茶時滋味了，更須知入口時滋味。若知入口時滋味了，又須知吃茶後滋味。直饒恁麼了，要知覺初禪者今夜設茶的意，衹要諸禪德閉口。然而丈夫有口，要開便開，要閉便閉。為甚麼要人設茶，然後閉口？有等好事之者，或逞才辯，或逞學問，或逞道理，搖唇鼓舌，妄生長短。殊不知言生理喪，故藉善知識於空中突出一言半句，直如金剛圈、栗棘蓬，使人吞不得，吐不得。等閒塞斷人咽喉，饒你有口，到這裡也無用處。〔註33〕

即念禪師批判了那些只在技術和經驗上吃茶者，認為「大都不知正味」。真正想知道正味，便應該向心念未作分別的「未吃茶時識取」。換句話說，就是未被諸分別妄念雜染之時的本真心，才是真味正味禪味茶味。故而，對現代禪茶而言，不但要立，還要破；不但要閉口，更要閉心，時刻警覺言語道斷，心行處滅。不然就只安立了一種固定概念、觀念橫在心裏，名相上雖然是禪茶一味，但個體的理解已經離題萬里，翻成執著，如何還能真實體貼禪茶真味！

在一系列禪茶文化中，我們賦予了其多重內涵。比如，認為茶具有苦、集、滅、道之四諦真義，認為茶有輔助禪坐、節制俗欲、幫助消化之三德。在茶類別上，又以龍井、雲霧、蒙頂等頗具地域文化的名詞作區分。而這些，其實僅僅只侷限在茶的文化符號及情感認同層面，尚未觸及禪茶真味。真味在哪裏？既在茶身上，也在人身上。但是，如何獲得？既然禪茶一味，「一」又是什麼？這些疑問，凡是不破除自我，都只會解其表義，都只會從自我的視角去定位禪茶。如此，禪茶的真味當然就不會真正顯現。在這個層面，筆者認為禪茶的真味境界已經無關禪茶或禪茶具有的屬性，而是落實於人自身的生命修養問題。如《五燈全書》中記錄裁體禪師言行：

晚參，舉茶杯曰：「昔趙州以一杯茶，普請往來衲子。今日卻落在山僧手裏，願與諸上座大家吃口。你道，個中有味也無？衹要識取這茶。假使放下茶杯，又向甚麼處覓？」顧左右曰：「只這一味，人人具有。阿誰放下？」〔註34〕

〔註33〕淨癡、本致輯錄：《象田即念禪師語錄》，《嘉興藏》第27冊，第159頁。
〔註34〕超永編輯：《五燈全書》，《卍續藏》第82冊，第631頁。

裁體禪師邀眾人吃茶，卻借機說眾人「不識」真茶而只知茶相，放下茶杯就不知道真正的茶在哪裏。所以他又讓眾人參，說人人具有這「一味」，但就是因眾人「心未放下」才不得見。

其實，前文所述參悟、觀照、歇心、頓斷無不在解說著如何「放下」的問題。只不過此處還想再談談古德更直接、高明的手段之一。《圓悟佛果禪師語錄》卷五曾說：

> 尋常不是向諸人道，千言萬言但只識取一言，千句萬句但只識取一句，千法萬法但只識取一法。識得一，萬事畢，透得一，無阻隔，直下脫卻情塵意想。放教身心，空勞勞地，於一切時遇茶吃茶遇飯吃飯。〔註35〕

圓悟克勤強調「直下脫卻情塵意想，放教身心，空勞勞地」，可謂是禪茶妙訣，如此自然就進入了深層的放鬆，自在的悠閒，哪還需要到處去尋求閒。一旦推求，反而對閒有了偏執。

由於禪的實踐性、實證性，筆者認為從禪文化習學的角度來進行研究應該是禪茶的核心，否則「禪意」無法一以貫之。實際上，禪茶並沒有多玄妙，最高明的閒適、清醒，始終還是有訣竅可循。

從禪而言，我們並不需理會那麼多葛藤套路，只需學會自我鬆化，鬆化到極致，一般會出現兩種情形：其一，束縛生命的業心、枷鎖自動脫落，不再糾纏我們的內外清淨；其二，即使深層業識反覆襲來，也會被空空而在的自己所覺察，從而任其來去起滅。體貼到這種精微度，人才可能從根源上變得至清至明。將這種工夫打磨純熟，貫穿在日常中，便是日常的純禪。

從茶而言，禪茶不要求你我成為專業的種植採造技師，也不要求你做一口能吃出產地年份等元素的茶人，而是要在適合自己身心需要的前提下，高度鬆化而吃茶。如此，茶就是茶的本味，沒有了自家經歷、業惑所被動賦予或投射的額外意義。於是禪茶的中心也才不會在禪和茶的交叉糾結上，而是轉為身心的深度療愈、自我整合，乃至靈性綻放。

換句話說，禪茶是人心判斷下的對象，禪未必是談禪者口中的禪，而茶也未必是飲茶者口中的茶。唯有以深度空化之境斬斷個我思維模式對禪茶的固化判斷，如實顯現本性，禪者才是真禪者，禪茶也才會真正成為純粹的禪茶。這才是筆者所倡導的禪茶精髓。

〔註35〕紹隆等編：《圓悟佛果禪師語錄》卷五，《大正藏》第 47 冊，第 750 頁。

　　所以，吃茶去？

　　請問吃得幾盞達摩？

　　既不清明，不如放下，更莫思量！既然這盞茶亦能殺人，亦能活人，便如禪者所說：

　　我自吞吐去也！

　　且看那象王峰頂，好一輪明月！

2020 年 2 月 10 日，撰於普洱・山之心。

第一編　禪茶閒話

001. 賜惠能香茶

萬歲通天元年，（武則天）遣使賜六祖能禪師水精〔註1〕缽、摩納衣、白氍、香茶，勅韶州守臣安撫山門。

　　——宋·志磐編：《佛祖統紀》卷三十九，《大正藏》第49冊，第370頁。

002. 降魔師興禪茶

茶，早採者為茶，晚採者為茗，《本草》云：「止渴，令人不眠。」南人好飲之，北人初不多飲。開元中，泰山靈巖寺有降魔師大興禪教，學禪務於不寐，又不夕食，皆許其飲茶。人自懷挾，到處煮飲。從此轉相仿傚，遂成風俗。自鄒、齊、滄、棣，漸至京邑，城市多開店鋪，煎茶賣之，不問道俗，投錢取飲。其茶自江淮而來，舟車相繼，所在山積色額甚多。楚人陸鴻漸為《茶論》，說茶之功效並煎茶炙茶之法，造茶具二十四事，以都統籠貯之，遠近傾慕好事者，家藏一副。

　　——唐·封演：《封氏聞見記》卷六，文淵閣《四庫全書》子部十·雜家
　　　類三，臺灣商務印書館1983年影印版，第862冊，第442頁。

〔註1〕「水精」今寫為「水晶」。

003. 僧梵川蒙頂種茶

吳僧梵川，誓願燃頂供養雙林傅大士，自往蒙頂山上結庵種茶，凡三年，味方全美。得絕佳者曰聖楊花、吉祥蕊，共不逾五斤，持歸供獻。

——宋·陶穀：《清異錄》卷下，《四庫全書》子部十二·小說家類三，第 1047 冊，第 917 頁。

004. 沙門注湯幻茶

饌茶而幻出物象於湯面者，茶匠通神之藝也。沙門福全生於金鄉，長於茶海，能注湯幻茶成一句詩，並點四甌共一絕句泛乎湯表。小小物類唾手辦耳，檀越日造門求觀湯戲。全自詠曰：「生成盞裏水丹青，巧畫工夫學不成。卻笑當時陸鴻漸，煎茶贏得好名聲。」

——宋·陶穀：《清異錄》卷下，《四庫全書》子部十二·小說家類三，第 1047 冊，第 917 頁。

005. 飲茗治腦

隋文帝微時，夢神人易其腦骨，自爾腦痛。忽遇一僧云：「山中有茗草，煮而食之當愈。」服之有效，由是人競採掇。乃為之贊，其略曰：「窮春秋，演河圖，不如載茗一車。」

——明·董斯張：《廣博物志》卷四十一，《四庫全書》子部·類書類，第 981 冊，第 344 頁。

006. 非獨酒能病人，茶亦能病人多矣

劉貢父知長安，妓有茶嬌者，以色慧稱。貢父惑之，事傅一時，貢父被召造朝，茶遠送之，貢父為夜宴痛飲，有別詩曰：「畫堂銀燭徹宵明，白玉佳人唱渭城。唱盡一杯須起舞，關河風月不勝情。」至闕，永叔直出道者院，去城四十五里迓貢父，貢父適病酒未起。永叔曰：「何故未起？」貢父曰：「自長安路中親識留飲，頗為酒病。」永叔戲之曰：「貢父非獨酒能病人，茶亦能病人多矣。」

——宋·范公偁：《過庭錄》，《四庫全書》子部·小說家類一，第 1038 冊，第 267 頁。

007. 志崇三等茶

覺林僧志崇收茶三等，待客以驚雷莢，自奉以萱草帶，供佛以紫茸香，赴茶者以油囊盛餘瀝歸。

——宋·陳景沂：《全芳備祖集·後集》卷二十八，《四庫全書》子部·類書類，第 935 冊，第 532 頁。

008. **此茶有似漸兒所為者**

竟陵大師積公嗜茶久，非漸兒煎奉不向口。羽出遊江湖四五載，師絕於茶味。代宗召師入內供奉，命宮人善茶者烹以餉，師一啜而罷。帝疑其詐，令人私訪，得羽，召入。翌日，賜師齋，密令羽煎茗遺之，師捧甌喜動顏色，且賞且啜，一舉而盡。上使問之，師曰：「此茶有似漸兒所為者。」帝由是歎師知茶，出羽見之。

——清·陸廷燦：《續茶經》卷下·七茶之事，見《四庫全書》子部·譜錄類，第 844 冊。

009. **陸羽六羨**

陸羽，字鴻漸，隱苕溪，自稱桑苧羽。久拜召，不就。性嗜茶，著經三篇。時鬻茶者，至陶羽形置煬突間，祀為茶神。（見《唐書·隱逸傳》）羽少事竟陵禪師智積，異日，在它處聞禪師去世，哭之甚哀。乃作詩寄情，其略云：「不羨白玉盞，不羨黃金罍，不羨朝入省，不羨暮入臺。千羨萬羨西江水，曾向竟陵城下來。」（見李孝美《文房鑒古》）

——宋·善卿：《祖庭事苑》卷四，《卍續藏》第 64 冊，第 366 頁。

010. **羽愧更著毀茶論**

（癸未）隱士陸羽卒。羽字鴻漸，初為沙門，得之水濱，畜之。既長，以易自筮得蹇之漸，曰鴻漸於陸。其羽可用以為儀，乃以陸為姓氏，名而字之。師教以旁行書。答曰：「終鮮兄弟而絕後嗣，得為孝乎？」逃去為優人。

天寶中，太守李齊物異之，授以書。貌倪陋，口吃而辯。上元中隱苕溪，與沙門道標、皎然善，自號桑苧翁，闔門著書。召拜太子文學，不就。嗜茶，著《茶經》三卷，言茶之原之法之具尤備。天下益知飲茶矣。時鬻茶者至陶羽形置突間祀之為茶神。

初開元中，有逸人王休者，居太白山，每至冬取溪冰敲其精瑩者，煮茗共客飲之。時覺林寺僧志崇取茶三等，以驚雷笑自奉，以萱草帶供佛，以紫茸香待客。赴茶者至以油囊盛餘滴以歸。復有常伯熊者，因盧仝茶詩，深信飲茶之益。乃取羽之論，復廣著茶功。御史李季卿宣慰江南，知伯熊善煮茶。召之，伯熊執器而前，季卿為再舉杯。時又有舉羽者，召之，羽野服挈具而入，季卿不為禮。羽愧之，更著毀茶論。其後尚茶成風，致回紇入朝驅馬市茶焉。

——元·念常：《佛祖歷代通載》卷十四，《大正藏》第 49 冊，第 611 頁。

011. 令鶴銜松枝烹茶

《禪元顯教編》：徐道人居廬山天池寺，不食者九年矣。畜一墨羽鶴，嘗採山中新茗，令鶴銜松枝烹之。遇道流，輒相與飲幾碗。

——清·陸廷燦：《續茶經》卷下·七茶之事。

012. 山僧獻陽羨茶

唐李棲筠守常州日，山僧獻陽羨茶。陸羽品為芬芳冠世，產可供上方。遂置茶舍於洞靈觀，歲造萬兩入貢。後韋夏卿徙於無錫縣，罨畫溪上，去湖一里所。許有穀詩云「陸羽名荒舊茶舍，卻教陽羨置郵忙」是也。

——清·陸廷燦：《續茶經》卷下·八茶之出。

013. 金陵柵口五柳居

金陵柵口有五柳居，柳在水中罩籠軒檻，垂條可愛。萬曆戊午年，一僧賃開茶舍，惠泉松茗、宜壺錫鐺，時以為極湯社之盛，然飲此者日不能數，客要皆勝士也。南中茶舍始此。

——明·吳應箕：《留都見聞錄·河房》卷下，國學保存會印行，清光緒
　　丁未年〔1907〕版，第 13 頁。

014. 真珠泉瀹桐廬茶

《檀几叢書》：唐天寶中，稠錫禪師名清晏，卓錫南嶽潤上，泉忽迸石竇間，字曰真珠泉。師飲之，清甘可口，曰：「得此瀹吾鄉桐廬茶，不亦稱乎！」

——清·陸廷燦：《續茶經》卷下·五茶之煮。

015. 茶性新舊交則香味復

《蘇文忠集》：予去黃十七年，復與彭城張聖途、丹陽陳輔之同來。院僧梵英葺治堂宇，比舊加嚴潔，茗飲芳冽。予問：「此新茶耶？」英曰：「茶性新舊交則香味復。」予嘗見知琴者言，琴不百年，則桐之生意不盡，緩急清濁與雨寒暑相應。此理與茶相近，故並記之。

——清·陸廷燦：《續茶經》卷下·六茶之飲。

016. 釅茶七碗

坡公嘗遊杭州諸寺，一日，飲釅茶七碗，戲書云：「示病維摩原不病，在家靈運已忘家。何須魏帝一丸藥，且盡盧仝七碗茶。」

——清·陸廷燦：《續茶經》卷下·六茶之飲。

017. 吾有一法

《侯鯖錄》：東坡論茶：除煩已膩，世固不可一日無茶，然暗中損人不少，故或有忌而不飲者。昔人云，自茗飲盛後，人多患氣、患黃，雖損益相半，而消陰助陽，益不償損也。吾有一法，常自珍之，每食已，輒以濃茶漱口，煩膩既去，而脾胃不知。凡肉之在齒間，得茶漱滌，乃盡消縮，不覺脫去，毋須挑刺也。而齒性便苦，緣此漸堅密，蠹疾自已矣。然率用中茶，其上者亦不常有。間數日一啜，亦不為害也。此大是有理，而人罕知者，故詳述之。

——清·陸廷燦：《續茶經》卷下·六茶之飲。

018. 苟遍歷天台，當不取金山為第一

無盡法師《天台志》：陸羽品水，以此山瀑布泉為天下第十七水，余嘗試飲，比余幽溪蒙泉殊劣。余疑鴻漸但得至瀑布泉耳，苟遍歷天台，當不取金山為第一也。

——清·陸廷燦：《續茶經》卷下·五茶之煮。

019. 賜額茶禪

澄一鏡妙華現優鉢莊嚴，合證三輪，駐蹕塘棲，書賜西塘萬壽山寺額曰「本覺」，駐蹕嘉興煙雨樓，書賜三塔寺額曰「茶禪」，曰「標示三乘」，聯曰

「湧塔同參法華品，試茶分證趙州禪」。

——清·高晉：《欽定南巡盛典》卷八十八，《四庫全書》史部·政書類二，第 659 冊，第 370 頁。

020. 聊作應酬

庚午歲臘月三日，耆舊鐵樹師為師祝六旬壽，請上堂。夜復設茶禪戒，共集鐵樹同兩序，白云：「和尚住持普明共有八載，今和尚六旬，我亦八十賤誕，今夜要請和尚說行實，使大眾欣樂而我得聞妙行，以結般若之因。」

禮請再三，師云：「山僧本無德行，匪敢擔荷法門，但先師於普明未了，聊作應酬，既承敦意，僅為大眾作一笑具耳。山僧俗姓陳，嘉興縣人，始祖隨宋高宗南渡居海寧，至先祖分居嘉興，發家頗厚。父鳳雲公，母沈上有三兄，山僧乃晚年子也。因兄等致禍傾家，母不欲舉臨盆，壓溺再三，婢女力救得免。崇禎壬午，時年十一，投禮郡城精嚴寺清隱房爾廉為師習瑜伽教。每多病患，至年二十時，有天台百二十歲老僧寓寺，我因禮拜，僧云：『不要拜，汝能參學，後日別人拜你。』因發信心，乃有參禪之志。」

——清·明耀：《香嚴禪師語錄》卷一，《嘉興藏》第 38 冊，第 622 頁。

021. 樹作禮茶頭

釋行滿者，萬州南浦人也。羈貫成童，厥性明點，篤辭所親，求為佛子。受戒方畢，聞重湖間禪道隆盛，石霜之門濟濟多士，遂往求解。屬諸禪師，棄代滿往豫章觀諸法席。既得安然，次聞天台靈聖之跡，由是結束遊之，棲華頂峰下智者院知眾僧茶灶。見人怡懌，居幾十載未睹其慍色。臥一土床，空其下燒糞掃而暖之。每日脫衣就床，則蚤虱蜇蜇焉唉之。及餵飼得所，還著衣如故。或人潛捫其衣，蚤虱寂無蹤矣。先是居房檻外，有巨松橫枝之上寄生小樹，每遇滿出坐也，其寄生木必嫋嫋而側，時謂此樹作禮茶頭也。或不信者專伺滿出，則紛紛然。滿去則屹立亭亭，更無動搖。雖隨眾，食量少分而止，四十年內人未見其便溺。以開寶中，預向人說：「我當行矣。」令眾僧念文殊名號相助，默焉坐化。春秋年可八十餘。

——宋·贊寧：《宋高僧傳》卷二十二，《大正藏》第 50 冊，第 853 頁。

022. 攜茶遊山

司馬溫公偕范蜀公遊嵩山，各攜茶往，溫公以紙為貼，蜀公盛以小黑合。溫公見之驚曰：「景仁乃有茶器。」蜀公聞其言，遂留合與寺僧。茶宜錫，竊意若以錫為合，適用而不侈。貼以紙則茶味易損，豈亦出雜，以消風散，意欲矯時弊耶？《邵氏聞見錄》云：「溫公嘗同范景仁登嵩頂，由轘轅道至龍門，涉伊水至香山憩石樓，臨八節灘，凡所經從，多有詩什，自作序曰《遊山錄》。」攜茶遊山當是此時。

　　——宋·周煇：《清波雜志》卷四，商務印書館，1939 年，第 35～36 頁。

023. 武林澗泉〔註2〕

其人不事弋釣虞獵，以樵菜自業，然同其在古潔靜清勝之風，未嘗混也。其俗在南塢者窮於白雲峰之巔，在北塢者至於西源，則坡地西趨西溪南通南蕩。其泉之南出者曰月桂，曰伏犀，曰丹井，曰永清，曰偃松，曰聰明，曰倚錫。凡泉之源七，其一月桂，在天竺寺；其一伏犀，在西來峰之巔。流液不常；其五皆在支塢。其泉之北出者曰冷泉，曰韜光，曰白沙，曰石筍，曰白公茶井，曰無著偃松，曰永安北源，曰彌陀西源，曰騰雲上源西庵也。凡泉之源九，其一冷泉，在澗壖；其八在支塢南塢。其古人之遺跡，若吳葛縣（正字避廟諱）之葛塢者，若晉葛洪之丹井者，若宋謝靈運之翻經臺者，若隋真觀所標之佛骨塔者，若唐道標杜多之草堂者。其北塢，若漢陸棣之九師堂者，若晉葛洪之伏龍石門者，若晉許邁之思真堂者，若晉惠理之燕寂岩者，若晉杜師明之謝客亭者，若宋智一之飯猿臺者，若呼猿澗者，若梁簡文所記之石像者，若梁朱世卿之朱墅者，若唐白居易之烹茶井者，若唐袁仁敬之袁君亭者。二塢總十有六事，徒古今相傳，雖名存而其事頗亡，不可按而備書。其山無怪禽醜獸，唯巢構之樹最為古木。松筠藥物果蓏與他山類，唯美菜與靈山之所生枇杷桂花發奇香異耳。

　　——宋·契嵩：《鐔津文集》卷十二·志記銘題·《武林山志》，見《大正藏》第 52 冊，第 710 頁。

024. 寺中毒茶

夫住持者，蓋住一切菩薩智所住境，護持諸佛正法之輪，所謂佛子住持。

〔註 2〕此為契嵩《武林山志》節選。

而百丈立斯名，豈偶然哉！近代為住持，而名焉利焉者，不知其所繫之重。間有好交俗子，從事飲啖。吁，可惜哉！台州洪福琛石山與近寺俗子方公權交，互相治具，日事飲啖。寺僧有方監寺者，求掌庫職。已喏，而公權以私憾譖沮之。方監寺懷軮軮，賄方丈僕，置毒茶中，毒公權。公權敬石山，轉己茶杯先奉之，受毒死。方監以誤毒石山，常懷憂疑。一日，聞桑扈鳥鳴，自配其聲為方監殺我，憂懼益甚，遂病，畏見天光，齧槁薦而死。原其始，只為石山不守職分，與俗子交，而聽其言，遂輕喪自身。後之人可不戒諸？桑扈鳥，田野人呼為鍛磨鳥，春暮始鳴，俗配其聲為張監鍛磨，此僧以為方監殺我。如提葫蘆、婆餅焦、脫布褲、泥滑滑類，皆因聲而得名。

　　——明・無慍：《山庵雜錄》卷一，《卍續藏》第 87 冊，第 118 頁。

025. 茶外是非

　　介諶禪師，溫州張氏子，得法於長靈卓禪師，南嶽下十五世。其性剛毅，有鐵面之稱。一日因普請，首座告疾。眾去後，座與侍僧茶友方外。知事見而詰之，座語逆抵知事。知事白諶，諶令擊鍾集眾責之欲擯出。眾求憐免，諶令去座職，守擇木堂侍官客。座怏怏不樂。一日郡守至，座不迎管，與舊結侍僧閒語。諶怒呼二人至，重責擯出。

　　——清・智祥：《禪林寶訓筆說》卷二，《卍續藏》第 64 冊，第 665 頁。

026. 昧心欺眾，他人猶不可為

　　袁州邱山行偉禪師，何朔人，嗣黃龍南禪師，南嶽下十二世。為人性剛，蒞事有法度，使某人幹某事，莫敢違者。嘗將十二輩名付維那，使明日俱到方丈受曲折。及茶會時，即少一人。偉問為誰，眾曰隨州永泰。首座曰：「泰遊山未回，可請他僧。」偉然之。俄有告曰：「泰實在，首座匿之。」偉色莊使搜之，果在。泰自陳拙弱，恐失所受之事，首座實不知也。偉令擊鍾集眾，白曰：「昧心欺眾，他人猶不可為，況首座分座授道，是老師所賞之職，而自破壞乎？」二人俱受罰出院。由此眾服其公。泰後嗣法，住黃檗山，首座即潭州大溈祖珤禪師，福州吳氏子，得法於大溈秀禪師，南嶽下十三世。載於典文者，出《僧寶傳》，足可以為法門令範也。

　　——清・智祥：《禪林寶訓筆說》卷二，《卍續藏》第 64 冊，第 665 頁。

027. 山僧今夜一杯茶

　　謝虎跑監院眾執事茶話：「因花沒蒂，信結果於斯時；行海非波，始濫觴於此際。雲從龍，風從虎，舔來主伴交參，輪孤運，掌孤鳴，焉能節拍相和。必借帆蓬篙柁共撐無底鐵船，須加炭火爐錘方成銷金巧手。一絲安易織錦，雜華乃可成林。然則虎跑期場之設，誠乃三吳兩浙第一勝緣，萬古千秋叢林盛事。山僧今夜一杯茶，未足為諸公答謝。所望開場選佛，立地逢人。殿什方足下之駒，踶躈千里；接洞山崖上之樹，美蔭參天！以此為謝，何謝辭之可及！」

　　——明・智誾：《雪關禪師語錄》卷二，《嘉興藏》第 27 冊，第 455 頁。

028. 吃茶閒話耳

　　按《佛祖統紀》：元豐五年，詔相國寺闢六十四院，為八禪二律，以東西序為慧林智海二巨剎。詔淨慈宗本禪師住慧林東林，常總禪師住智海，總固辭。許之，本入對延和殿，山呼，即就榻跏趺，侍衛驚顧，師方自若。賜茶，舉盞撼蕩之。上問受業，對曰承天永安。上大喜，語論久之。既退，上目之曰：「僧中寶也。」侍者問：「主上何語？」曰：「吃茶閒話耳。」

　　——清・陳夢雷：《欽定古今圖書集成・博物彙編・神異典》卷六十二，
　　　　釋教部彙考四・宋二，中華書局影印版，1934 年，第 494 冊，第四
　　　　六葉。

　　又，《先覺宗乘》載：

　　宋神宗元豐二年，慈聖曹太后崩，宣淨因禪師道臻入慶壽宮升座說法。僧問：「慈聖仙遊，定歸何處？」

　　師曰：「水流元在海，月落不離天。」

　　帝稱善。

　　五年，詔淨慈宗本禪師住惠林，入對延和殿，山呼罷，即趨登殿，賜坐，即就榻盤足作跏趺。侍衛驚顧，而師自若。賜茶至，舉盞長吸又蕩撼之。

　　帝問：「受業何寺？」

　　對曰：「承天永安。」

　　蓋蘇州承天寺永安院耳。帝大喜，語論甚久，既辭退，目送之謂左右曰：「真福慧僧也。」

　　侍者問：「和尚見官家如何對？」

曰：「吃茶閒話耳。」

——明·郭凝之：《先覺宗乘》卷一，《嘉興藏》第 23 冊，第 315 頁。

又，《五家正宗贊》載：

元豐五年，神宗下詔，辟相國寺六十四院為八，禪二律六，召師為慧林第一祖。既至，遣使問勞。翌日，召對延和殿問道。賜坐，師即跏趺。帝問：「卿受業何寺？」

奏曰：「承天永安。」

帝大悅，賜茶。（師）即舉盞長吸，又蕩撼之。帝喜其真，喻以「方興禪宗，宜善開導」。

奏曰：「陛下知有此道，如日照臨，臣豈敢自怠。」即辭退。

帝目送之，謂左右曰：「真福慧僧也。」

——宋·希叟紹曇：《五家正宗贊》卷四，《卍續藏》第 78 冊，第 614 頁。

029. 賜茶以為榮

按《可談》：元豐間，詔僧慈本住慧林禪院。召見，賜茶以為榮。遇先公侍上，見宣諭慈本，上云：「京師繁盛，細民逐末，朕要卿來勸人作善，別無他語。」

——清·陳夢雷：《欽定古今圖書集成·博物彙編·神異典》卷六十二，釋教部彙考四·宋二，中華書局影印版，1934 年，第 494 冊，第 46葉。

030. 老洞華嚴

按《指月錄》：魏府老洞華嚴，嘗示眾曰：「佛法在日用處，行住坐臥處，吃茶吃飯處，語言相問處，所作所為處，舉心動念又卻不是也。」又曰：「當時缺滅，人壽少有登六七十者。汝輩入我法中整頓，手腳未穩。早是三四十年，須臾衰病至。衰病至則老至，老至則死至。前去幾何？尚復恣意，何不初中後夜純靜去？」文潞公鎮北京，老洞來謁別。文潞公曰：「法師老矣，復何往？」對曰：「入滅去。」潞公笑謂其戲語。歸與子弟言：「其道語深隱，談笑有味，非常僧也。」使人候之，果入滅矣，歎異久之。及闍維，親往視火，以琉璃瓶置席側。祝曰：「佛法果靈願，舍利填吾瓶。」言卒，煙自空而降，布

入瓶中，煙滅如所願。潞公自是竭誠內典，恨知之暮也。

——清·陳夢雷：《欽定古今圖書集成·博物彙編·神異典》卷一百七十六，僧部列傳五十二·宋三，中華書局影印版，1934 年，第 503 冊，第 55 葉。

031. 僧比蜀茶

鄭谷郎中亦愛僧，用蜀茶，乃曰：「蜀茶與僧未必皆美，不欲捨之。」

——清·陳夢雷：《欽定古今圖書集成·博物彙編·神異典》卷二百〇一，僧部紀事一，中華書局影印版，1934 年，第 504 冊，第 54 葉。

032. 頃因和尚，方始登庸

唐太尉韋公昭度，舊族名人，位非忝竊，而沙門僧澈承恩，為人潛結中禁京兆。與一二時，相皆因之大拜悟達國師。知元乃澈之師也，嘗鄙之諸相，在西川行，在每謁悟達，皆申跪禮。國師揖之，請於僧澈處吃茶。後掌武伐成都。田軍容致澈書曰：「伏以太尉相國，頃因和尚，方始登庸。在中書則開鋪賣官，居翰苑則借人把筆，蓋謂此也。」

——清·陳夢雷：《欽定古今圖書集成·博物彙編·神異典》卷二百〇一，僧部紀事一，中華書局影印版，1934 年，第 504 冊，第 54 葉。

033. 煮茶亭

《嘉禾志》：煮茶亭，在秀水縣西南湖中，景德寺之東禪堂。宋學士蘇軾與文長老嘗三過湖上，汲水煮茶，後人因建亭以識其勝。今遺址尚存。

——清·陸廷燦：《續茶經》卷下·七茶之事。

034. 茶仙亭

《名勝志》：茶仙亭，在滁州琅琊山，宋時寺僧為刺史曾肇建，蓋取杜牧《池州茶山病不飲酒》詩「誰知病太守，猶得作茶仙」之句。子開詩云：「山僧獨好事，為我結茅茨。茶仙榜草聖，頗宗樊川詩。」蓋紹聖二年肇知是州也。

——清·陸廷燦：《續茶經》卷下·七茶之事。

035. 漁童樵青

唐張志和，字玄真子，隱居不仕，住湖中，號煙波釣徒。肅宗賜奴婢二人，名曰漁童、樵青。人問其故，和曰：「漁童使捧鉤收綸，蘆中鼓枻；樵青刈蘭薪桂，竹裏煎茶。」

——清‧書玉：《沙彌律儀要略述義》卷一，《卍續藏》第 60 冊，第 298 頁。

036. 當生恭敬，勿起厭慢

師對賓，或立常處，或於師側，或於師後，必使耳目相接，候師所須。非遠非近，故得耳目相接，身心照應，故無失師所須。成範云：「凡見客至，當生恭敬，勿起厭慢，須滌盞煎茶等。」

——清‧弘贊：《沙彌律儀要略增注》卷二，《卍續藏》第 60 冊，第 246 頁。

037. 諸方茶話，多說向上事

辛卯除夕茶話：「諸方茶話，多說向上事，朽旭不然，與諸友說家常受用耳。佛制比丘，行六和敬，所以僧伽，名和合眾。身和同住，口和無諍，意和同悅，戒和同修，見和同解，利和同均，遵此六和，乃名僧寶。其要只一慈心也。佛告比丘，汝等應當身業行慈，口業行慈，意業行慈，當知慈能關閉諸惡趣門，普生無量眾善。慈心之人，瞋者見之歡喜，怖者見之安隱，憂者見之開釋，苦者見之悅樂，乃至鳥獸見之不生毒害恐怖之心。試觀魔亦現佛相好光明殊特，而令見者恍惚不安，以無慈心也。佛亦現明王相，忿怒威猛，而令見者拔罪生善，以有慈力也。朽旭生平，不曾為一人薙頭，亦不曾為一人改名，凡同住者，十方彼此，法道為親，情無適莫。但願諸友，各修慈心三昧，不可隨俗徇污，亦勿矯強立異，恪遵佛戒，痛革妄情，除得一分習氣，是一分修行，融得一分偏私，是一分學問。朽旭德薄緣淺，誓不圖熱鬧門庭，世諦流佈，須各為大事，念報深恩，互相砥礪，力挽頹風，庶不辜同住一番。最後臘月三十日到來，保有真實受用，不至如落湯螃蟹也。珍重！」

——明‧智旭：《靈峰蕅益大師宗論》卷四，《嘉興藏》第 36 冊，第 323 頁。

038. 茶中鹽味

空中鳥跡，水內魚蹤。茶中鹽味，色裏膠清。明眼衲僧，不能分別。作麼生析得晶然去？

代云：「可明。」

——宋‧楚圓集：《汾陽無德禪師語錄》，《大正藏》第 47 冊，第 613 頁。

039. 勝業禪寺泉脈

勝業禪寺，在廟之東掖古聖容寺也。或云夏禹建清泠宮，以奉安虞舜之像（聖容即聖像也），唐武宗朝廢之。馬氏據有湖湘有掌誥：「夫人楊子瑩施錢再建，改為報國寺。」記云：「夏禹故宮也，政和中改為神霄宮，後復為寺。」寢堂之西有庵，名禹柏。庭際雖廣，一柏盡蔽之。後有悅亭，面嶽環匝如墻。題詠亦眾，住僧文政四句云：「山鳥無凡音，山雲無俗狀。引得白頭禪，時時倚藜杖。」東有老牧亭、真如軒，皆雅尚也。寺舊無泉源，住僧文政因栽杉尋訪巖谷間，得一泉脈，清甘尤益茶味。以禹故跡，遂築亭於上，以為禪悅之所。

——宋‧陳田夫：《南嶽總勝集》卷中，《大正藏》第 51 冊，第 1069 頁。

040. 路旁煎茶普施三年

益州大隨法真禪師，梓州王氏子。妙齡夙悟，決志尋師，於慧義寺，出家圓具。後南遊，初見藥山道吾雲巖洞山，次至嶺外大潙會下。數載食不至充，臥不求暖，清苦煉行，操履不群，潙深器之。

一日問曰：「闍黎在老僧此間，不曾問一轉話？」

師曰：「教某甲向甚麼處下口？」

潙曰：「何不道如何是佛？」

師便以手掩潙口，潙歎曰：「子真得其髓。」

從此名傳四海，爾後還蜀，寄錫天彭堋口龍山懷寺，於路旁煎茶普施三年。因往後山，見一古院，號大隨，群峰矗秀，澗水清泠，中有一樹，圍四丈餘。南開一門，中空無礙，不假斤斧，自然一庵。時目為木禪庵，師乃居之，十餘載影不出山，聲聞于外。四方學者，千里趨風。蜀主欽尚，遣使屢徵。師皆辭以老病。

——清‧超永：《五燈全書》卷八，《卍續藏》第 81 冊，第 480 頁。

041. 宣城山神僧

錢武肅王時，有僧自新，止瑞應院。嘗入宣城山采藥，穿洞行數里，忽

見溪側松下有草庵，一僧雪眉，擁衲坐禪。有一磬，新擊磬。僧開目曰：「何緣至此？」乃敲火煎茶為待。日夕，新託宵。顧其僧，即上松巔大巢內誦《法華經》，聲極清亮，令人樂聞。逡巡□□□□□苦，生人怖畏，速去速去，窺之乃虎豹也。翌日，新□□□□□□居此地，百見草枯，四絕人煙，非師棲息處。又采□黃糧置食而送別。乃曰：「公食此，平生不乏食矣。」新回至院，已經月餘。及再往，則忘去路矣。

——宋·宗曉：《法華經顯應錄》卷二，《卍續藏》第 78 冊，第 46 頁。

又，《神僧傳》載：

初新嘗入宣城山採藥，穿洞深去，始則闇昧，尋見日分明，行僅數里，洞側有別竅，溪水泛泛然。限一大松，枝下有草庵，一僧雪眉，擁衲坐禪。旁有一磬火器，新擊磬，遂開目驚曰：「嘻，師何緣至此？」乃陳行止，揖坐，取石敲火煎茗，香味可愛。日將夕矣，僧讓庵令新宿，顧其僧上松巔大巢內，聞念《法華經》，聲甚清亮。逡巡，又呪罵云：「此群畜生毛類，何苦生人恐怖。速歸林薄，不宜輒出。」叱去，新窺之，乃虎豹弭耳而去。明日謂其僧曰：「願在此侍巾屨。」僧曰：「自居此地，百見草枯，四絕人煙，非師棲息處。」又問：「莫饑否？」相引溪畔，有稻百餘穗，收穀，手挪三劤黃粱。挑野蔬和煮，與食。後遣回去，送至洞口曰：「相遇非偶然也。所食茶與菜糜，師平生不乏食矣。」遂遵路回本院已，月餘日命同好再往尋之，失洞蹤跡。

——明·朱棣：《神僧傳》卷九，《大正藏》第 50 冊，第 1011 頁。

042. 大雲寺會食

洞賓詭為回處士遊大雲寺，隨堂會食月餘，謂寺僧曰：「僧饌甚精，但少麵耳。」遂去旬日，攜少許麵至，自炮設數百僧，皆飽足。僧請處士啜茗，舉丁晉公詩曰：「花隨僧箸破，雲逐客甌圓。」處士曰：「句雖佳，未盡茶之理。」乃書詩曰：「玉蕊一鎗稱絕品，僧家造法極工夫。兔毛甌淺香雲白，蝦眼湯翻細浪俱。斷送睡魔離几席，增添清氣入肌膚。幽叢自落溪岩外，不肯移根入上都。」以丹一粒遺僧曰：「服此可不死。」遂別去，後僧亦仙去。

——明·佚名：《呂祖志》卷首，《萬曆續道藏》。

043. 執事設普茶，知有不知有

除夕茶話：「大盡三十日，小盡二十九。執事設普茶，知有不知有？杜甫無詩不成句，李白無酒不題詩。振宗吃茶須說話，不知若個擔當機？」

僧出云：「對面不識。」

師震威一喝。

僧作禮云：「且喜爆竹一聲除舊，梅花萬點增新。」

師云：「咄咄咄，應爆竹。」

復喝一喝。

——清・幻敏：《竺峰敏禪師語錄》卷六，《嘉興藏》第 40 冊，第 268 頁。

044. 清供霧藏茶縷，烹殘沙石幽泉

伏以拍洪樓畔，重續鷲嶺之輝。迎笑堂前，又聽鯨鍾之響。人天共快，瞻注同心。恭惟古雪大和尚百世津梁，五宗華岱。閒揮紗偈，一天華雨覆栴檀；靜吐慈音，萬壑松風搖几席。鍾武夷之靈秀，寶筏渡盡迷津；膺天童之正傳，慧日高懸沙界。玉毫瑞相，飛來洪井丹爐；金口微言，錯落香城丈室。惟真公芝老之禪堀，是西山南浦之名區。雷護橘叢，留伴筍蔬。清供霧藏茶縷，烹殘沙石幽泉。歡鳩盈馴，鴿堂邊幾歲珠龕版蕩；遂草長散，華筵內頻年寶地塵霾。諸名德共深廓清之思，彼闡提猶恣猙獰之勢。雲端錫振，野豜弭耳以奔騰；座上香浮，耆臘誼呼而手額。茲值來復之候，適逢結制之辰。擊法鼓以震大千，灑甘露而蘇吹萬。祇園再闢，同隨正覺。鉢衣化域方新，共仰清規囊鉢。念居諸之過隙，須摧鐵壁銀山。慨逝者之如斯，專恃朝提。莫唱弘緒，久淪塵濁。悔歲月之全虛，遙禮犍槌；識身心之有託，曾迓海昏。法駕忻依，嶺際慈容。選佛場開，敢浪擬龐公之酬對；安禪影靜，庶長聞臨濟之宗風。聊布悃誠，冀垂鑒照。

——明・真哲：《古雪哲禪師語錄》卷一，《嘉興藏》第 28 冊，第 310 頁。

045. 一兩平分半與君

適有僧自六安來，送茶一封，云仙人沖社前採者。命行童以雨水烹試嘗之，味極甘馨。其質細而蒙茸，其色微而淨白，與蜀之雀舌相類。

公性嗜茶，必能辨得真味。故分作二分，一分自用，一分奉公。近來懶慢輟吟，不能有作，特借佛印寄東坡茶詩云：「穿雲摘盡社前春，一兩平分半

與君。遇客不須容易點，點茶須是吃茶人。」

公當如詩意，勿為龍團稱屈也。附笑。

——清·張恂稚編：《憨休禪師敲空遺響》，《嘉興藏》第 37 冊，第 274 頁。

046. 我師門仉，非詩人不遊

僧乾康，零陵人。齊己在長沙，居湘西道林寺，乾康往謁之。齊己知其為人，使謂曰：「我師門仉，非詩人不遊。大德來，非詩人耶？請為一絕以代門刺。」乾康詩曰：「隔岸紅塵忙似火，當軒青嶂冷如冰。烹茶童子休相問，報道門前是衲僧。」齊己大喜，日與款接。及別，以詩送之。乾康有《經方干舊居》詩云：「鏡湖中有月，處士後無人。荻筍抽高節，鱸魚躍老鱗。」為齊己所稱。乾德中，左補闕王伸知永州，康捧詩見。伸睹其老醜，曰：「豈有狀貌如此，能為詩乎？宜試之。」時積雪方消，命為詩。康曰：「六出奇花已住開，郡城相次見樓臺。時人莫把和泥看，一片飛從天上來。」伸驚曰：「其旨不淺，吾豈可以貌相人也！」待以殊禮。

——宋·阮閱：《詩話總龜》卷十一，《四庫全書》集部·詩文評類，第 1478 冊，第 417 頁。

047. 入山煎茶

上堂云：「三處移場定是非，頑心不改在家時。呼兄喚弟長如此，且作隈䂩老古錐。」

陳助教入山煎茶，上堂云：「戒定慧相扶，堂堂大丈夫。吹毛光燦爛，佛祖不同途。」

——宋·才良編：《法演禪師語錄》，《大正藏》第 47 冊，第 657 頁。

048. 巡寮吃茶

結夏日上堂云：「孟夏漸熱，伏惟首座，大眾尊候萬福，卻似夾竹桃花，錦上鋪花。遍地花，莫眼花。每年事例，不用張查。下座人事，巡寮吃茶。」

——宋·才良編：《法演禪師語錄》，《大正藏》第 47 冊，第 663 頁。

又，《金陵清涼院文益禪師語錄》載有同趣者：

問：「大眾雲集，請師頓決疑網。」

師云：「寮舍內商量，茶堂內商量。」

——明‧郭凝之輯：《金陵清涼院文益禪師語錄》，《大正藏》第 47 冊，
　　第 589 頁。

049. 同法性，等太虛

喬貴妃設千佛會，（師）上堂云：「千華顯瑞應，萬善積靈臺。廣闢解脫
門，大開無價藏。舉揚正法眼，表示千佛因。值得遍界絕籠羅，當陽無取捨。
透聲透色，亙古亙今。有具大信根修菩薩行，發難思願力，啟清淨莊嚴，建大
道場，具列珍羞。一香一華，一茶一果，同法性，等太虛。塵塵剎剎，千佛放
光，如理如事，十方普應。所以道：『大匠無繩墨，良材無曲直。紅輪爍太虛，
遍界皆輝赫。』一華開一佛出世，一塵舉一佛成道。主伴交參，森羅顯煥，集
無涯福祿，祝睿算無疆。正當恁麼時，作麼生道：『室內千燈相照耀，天邊寶
月更清圓。』」

——宋‧紹隆等編：《圓悟佛果禪師語錄》卷八，《大正藏》經第 47 冊，
　　第 734 頁。

050. 又得江湖兄弟相伴，飲茶道話足矣

啟復萊堂頭無示禪師：二月初十僕至，收所惠書。且審住持緣法，增勝
為尉，所言乏心腹宣勞之人。時節使然，當體古風。地藏道：「諸方說禪浩浩，
爭如我種田搏飯。」者〔註3〕般說話，大有田地。風穴見破屋數間，單丁者七
年。溈山吃橡斗子九載，此皆哲人事業光明。後世如此，但恐無久遠之心。今
則利道交行，不可舉目也。況蓬萊海上名山，前輩行道之地，自當退步謹願。
以叢林為念，以眾人為心，自然般若之緣勝起，香風四吹，何患無宣勞者勉
旃。是請承惠紫茹，兩月不甚佳想。交運如此，靈隱已脫，選相伴而已。光老
恐三月初進院，移單歸松源塔所去，庶耳根清淨。又得江湖兄弟相伴，飲茶
道話足矣。寄來提唱，已一一點校，付則師封去。緣方郎母信，塔住幾時，凡
後措辭遣言，子細錐札古今，詳盡大意。下刃處較嚴，莫似諸方泥中洗土。春
喧善宜調攝，至祝不盡。二月二十八日（智愚）啟覆。

——宋‧妙源等編：《虛堂和尚語錄》卷十，《大正藏》第 47 冊，第 1063 頁。

〔註 3〕者：歷代公案中運用極多，表示「這」「此」等義。

051. 種芋栽茶，拾橡栗，採松花

公諱大鐸，字法振，宛陵某氏子，生而超群，神清韻朗。幼從鄉校，讀《論語》，至「朝聞道，夕死可矣」，乃曰：「道何物耶？聞而可死。」遂大疑之。每每以此問諸先達，皆不愜意。

一日逢行腳僧，問曰：「如何是道？」僧曰：「此吾佛氏無上妙道，非世之仁義禮智而已也。」公由是篤信佛道，遂禮其僧薙髮，時年甫二十。其僧囑曰：「吾非爾師，當往參雲棲。」公徑造焉，得沙彌戒。依眾未幾，即從雪浪法席，參諸教義，居恒求悟自心，不得其指。

復歸雲棲，進具戒，請益修心之要，示以念佛法門，以一心不亂為的旨。付《禪關策進》一書，為參究之訣。公佩服，還本郡石瀧岩，閉關三年，單提一念，久之有省，復往雲棲求印可。遂依眾淘汰數年，辭歸本郡之華陽山，誅茅以居華陽。祖於黃山白嶽，縱廣一由旬，周環四邑，庵當萬山之中，最為幽僻。公居之，唯種芋栽茶，拾橡栗，採松花，以充食，竟絕意人間。唯一沙彌智浩，執侍焉。

——明·福善曰：《憨山老人夢遊集》卷二十八，《卍續藏》第 73 冊，第 664 頁。

052. 未垞竹根先掘筍，略盧樹罅又栽茶

上堂：「築牆護果，鑿地蒔花。钁嘴廉尖，石頭磊塊。客來迎送，米到抬扛。愁醬乞鹽，吟風弄月。此是住山活計，久參上士，不消重說偈言，後學初機，領取向下注腳。」乃云：「重湖迭嶂梅千頃，塌屋低簷四五家。未垞竹根先掘筍，略盧樹罅又栽茶。」便下座。

——明·法藏：《三峰藏和尚語錄》卷二，《嘉興藏》第 34 冊，第 132 頁。

053. 齋後鳴鼓會茶

撫州明水遜禪師，在法雲侍者寮時，道林琳禪師掛搭，方丈特為新到茶。遜躬至寮請之，適琳不在。有同行與琳聯案曰：「汝去俟渠來，我為汝請。」

遜去，僧偶忘之，齋後鳴鼓會茶，琳不到。

圓通問曰：「新到在否？趣請之。」

琳到，圓通令退坐榻，立眾前，責曰：「山門特為茶，以表叢林禮數，因何怠慢不時至？」

琳曰：「適聞鼓聲，忽內逼，趨赴不前。」

圓通呵曰：「我鼓又不是巴豆，擊著爾便屎出。」

遜前白云：「是某忘記請之，某當出院。」

時同行出眾曰：「不干侍者與新到事，是某不合承受為渠請，偶忘記，某當代二人出院。」

圓通高其風義，並宥之。

  ——宋·道謙編：《大慧普覺禪師宗門武庫》，《大正藏》第 47 冊，第 944 頁。

054. 水性本淡，加之以茶蜜，甘苦生焉

師云：「昔徒單二駙馬赴南京任，道過磁州大明，入堂隨喜。見僧面壁而坐，駙馬曰：『一個好淡漢。』詮大師曰：『淡中有味，水性本淡。加之以茶蜜，甘苦生焉。性亦恬憺，派之以迷悟，則凡聖立焉。雖曰淡中有味，斯乃無味之味，其味恒然妙超情謂。情字從心，謂字從言，到此言語道斷，心行處滅。』法眼道：『理極忘情謂，如何有喻齊！』《道德經·谷神不死章》云：『玄牝之門，是為天地根，綿綿若存。』又曰：『吾不知誰子，象帝之先。』衲僧為言：『綿綿若存，不可一向斷絕去也。象帝之先者，空劫以前佛未出世時也。』如愚道貴，暗用雪竇道貴如愚。頌云：『雨過雲凝曉半開，數峰如畫碧崔嵬。空生不解岩中坐，惹得天花動地來。』此頌空生宴坐天帝雨花，今魯祖不能省事，惹得南泉玄沙一隊老漢點檢。此正是玉雕文以喪淳，不若他珠在淵而自媚。《晉書》陸機《崇文賦》曰：『石蘊玉以山輝，水懷珠而川媚。』石中蘊玉而為南泉輩琢開，水中懷珠而為玄沙輩漉出。幸自十分爽氣清磨暑秋，剛為一片閒雲遠分天水，萬松不曾面壁，爾這一隊來覓什麼節文！」自代云：「聽說天童頌古。」

  ——元·離知、性一錄校：《萬松老人評唱天童覺和尚頌古從容庵錄》卷二，《大正藏》第 48 冊，第 242 頁。

055. 此固真率，無乃太簡乎

初十日（己丑），微雨。梁煥來，問以迎賓禮。對曰：「國無揖讓之煩。客至，不迎，隨意坐。主人即具煙架，內火爐、竹筒、木匣各一；橫煙管其上，匣以貯煙、筒以棄灰也。遇所敬客，乃烹茶；以細米粉少許雜茶末，入沸水半

甌，攪以小竹帚，以沫滿甌面為度。客去，亦不送。」噫！此固真率，無乃太簡乎！

—— 清·張學禮：《清代琉球紀錄集輯》卷下，周憲文主編：《臺灣文獻叢
　　　刊》第 292 種，台灣銀行經濟研究室 1959～1972 年，第 211～212 頁。

056. 入蜀點茶

十九日，金山長老寶印來，字坦叔，嘉州人。自言峽州以西灘不可勝計，白傅詩所謂白狗，到黃牛灘，如竹節稠是也。赴蔡守，飯於丹陽樓，熱特甚，堆冰滿坐，了無涼意。蔡自點茶，頗工而茶殊下。同坐熊教授，建寧人，云建茶舊雜以米粉，復更以薯蕷，兩年來又更以楮芽，與茶味頗相入，且多乳，惟過梅則無復氣味矣！非精識者未易察也。申後移舟出三閘，至潮閘而止。

—— 宋·陸游：《入蜀記》卷一，《四庫全書》史部·傳記類，第 460 冊，
　　　第 881 頁。

057. 道子畫驢

道子訪僧，請茶，僧不加禮。遂請筆硯，於壁上畫驢一頭而去。一夜，僧房家具並踏破被，惱亂不可堪。僧知是道子，懇邀到院，祈求，乃塗卻畫處。

—— 宋·李昉：《太平廣記》卷二百一十二，《四庫全書》子部·小說家類
　　　二，第 1044 冊，第 395 頁。

058. 重修茶庵引

昔人設漿而感雙璧坑錢，況復散不平清風生者，是又出設漿竿頭矣。樂善鄉道傍茶庵，晝則為趙州關，暮則為止旅亭，真俗兩諦，往往大有厥益焉。先是華宇善長剙就，今則年久圮損，且布金既鮮。七家非共舉之儔，捨宅還興。四眾得同緣之化，惟諸檀越。法無相施，胥成厥美，庶支提重新茗煙鼎沸，其功德不啻雙璧坑錢矣。請以三空為望！

—— 明·廣真：《吹萬禪師語錄》，《嘉興藏》第 29 冊，第 527 頁。

059. 寡人亦一甌茶有分乎

德經等大王備禮受之，王御國二十四年，五嶽三山神等時或現侍於殿庭。三月三日，王御敀正門樓上，謂左右曰：「誰能途中得一員榮服僧來？」於是

適有一大德，威儀鮮潔，徜徉而行。左右望而引見之。王曰：「非吾所謂榮僧也。」退之。更有一僧，被衲衣負櫻筒（一作荷簣），從南而來。王喜見之，邀致樓上。視其筒中，盛茶具已。曰：「汝為誰耶？」

僧曰：「志談。」

曰：「何所歸來？」

僧曰：「僧每重三重九之日，烹茶饗南山三花嶺彌勒世尊。今茲既獻而還矣。」

王曰：「寡人亦一甌茶有分乎？」

僧乃煎茶獻之，茶之氣味異常，甌中異香鬱烈。

王曰：「朕嘗聞師讚耆婆郎詞腦歌，其意甚高，是其果乎。」

對曰：「然。」

王曰：「然則為朕作理安民歌。」

僧應時，奉勅歌呈之。王佳之，封王師焉。僧再拜，固辭不受。

——高麗·一然：《三國遺事》卷二，《大正藏》第 49 冊，第 974 頁。

060. 拄杖何在？可擊之

《酉陽雜俎》：虞部郎中陸紹，元和中，嘗看表兄於定水寺，因為院僧具蜜餌時果，鄰院僧右邀之。良久，僧與一李秀才偕至，乃環坐，笑語頗劇。院僧顧弟子煮新茗，巡將匝而不及李秀才。陸不平曰：「茶初未及李秀才，何也？」僧笑曰：「如此秀才亦要知茶味？且以餘茶飲之。」鄰院僧曰：「秀才乃術士，座主不可輕言。」其僧又言：「不逞之子弟，何所憚？」秀才忽怒曰：「我與上人素未相識，焉知予不逞徒也？」僧復大言：「望酒旗玩變場者，豈有佳者乎？」李乃白座客：「某不免對貴客作造次矣。」因奉手袖中，據兩膝，叱其僧曰：「粗行阿師，爭敢輒無禮，拄杖何在？可擊之。」其僧房門後有筇杖，子子跳出，連擊其僧。時眾亦為蔽護，杖伺人隙捷中，若有物執持也。李復叱曰：「捉此僧向牆。」僧乃負牆拱手，色青短氣，唯言乞命。李又曰：「阿師可下階。」僧又趨下，自投無數，衄鼻敗頦不已。眾為請之，李徐曰：「緣對衣冠，不能煞此為累。」因揖客而去，僧半日方能言，如中惡狀，竟不之測矣。

——清·陳夢雷：《欽定古今圖書集成·博物彙編·藝術典》卷八百〇六，幻術部紀事，中華書局影印版，1934 年，第 487 冊，第 44 葉。

061. 茶甌化人

江淮有士人莊居，其子年二十餘，嘗病魘。其父一日飲茗，甌中忽泡起如漚，高出甌外，瑩若琉璃。中有一人，長一寸，立於甌，高出甌上。細視之，衣服狀貌乃其子也。食頃爆破，一無所見，茶甌如舊，但有微瑿耳。數日，其子遂著神譯神言，斷人休咎不謬。

——唐·段成式：《酉陽雜俎》卷十，《四庫全書》子部·小說家類，第
1047 冊，第 704 頁。

062. 卻是真師叔

按《五燈會元》：潭州云蓋守智禪師，劍州陳氏子。遊方至豫章大寧，時法昌遇禪師韜藏西山。師聞其飽參，即之。昌問曰：「汝何所來？」師曰：「大寧。」又問：「三門夜來倒，汝知麼？」師愕然曰：「不知。」昌曰：「吳中石佛，大有人不曾得見。」師惘然，即展拜。

昌使謁翠岩真禪師，雖久之無省，且不捨寸陰。及謁黃龍於積翠，始盡所疑。後首眾石霜，遂開法道吾，徙云蓋。僧問：「有一無弦琴，不是世間木，今朝負上來，請師彈一曲。」師拊膝一下。僧曰：「金風颯颯和清韻，請師方便再垂音。」師曰：「陝府出鐵牛。」

上堂：「緊峭離水靴，踏破湖湘月。手把鐵蒺藜，打破龍虎穴。翻身倒上樹，始見無生滅。卻笑老瞿曇，彈指超彌勒。」

上堂：「昨日高山看釣魚，步行騎馬失卻驢。有人拾得駱駝去，重賞千金一也無。若向這裡薦得，不著還草鞋錢。」

上堂舉：趙州問：「僧向甚麼處去？」曰：「摘茶去。」州曰：「閒。」師曰：「道著不著，何處摸索。背後龍鱗，面前驢腳。翻身筋斗，孤雲野鶴。阿呵呵！」示眾：「不離當處常湛然，覓即知君不可見。雖然，先聖恁麼道？且作個模子搭卻。若也出不得，祇抱得古人底。若也出得，方有少分相應。云蓋則不然，騎駿馬，繞須彌，過山尋蟻跡，能有幾人知。」

師居院之東堂，政和辛卯，死心謝事黃龍，由湖南入山奉覲。日已夕矣，侍僧通謁，師曳履且行且語曰：「將燭來看其面目，何似生而致名喧宇宙。」死心亦絕叫：「把近前來，我要照是真師叔，是假師叔。」師即當胸毆一拳，死心曰：「卻是真個。」遂作禮，賓主相得歡甚。及死心復領黃龍，至政和甲

午示寂。時師住開福，得訃上堂：「法門不幸法幢摧，五蘊山中化作灰。昨夜泥牛通一線，黃龍從此入輪迴。」

> ——清·陳夢雷：《欽定古今圖書集成·博物彙編·神異典》卷一百七十八，僧部列傳五十四·宋五·守智，中華書局影印版，1934 年，第504 冊，第 5 葉。

063. 不露槍旗

上堂：「謝摘茶看筍！寂子撼茶，人貧智短。老婆偷筍，馬瘦毛長。乳峰瞥轉一機。不露槍旗，睡魔退舍。深藏頭角，玉版書動。舌頭無骨人，始解知真味。雖然如是，原溈山夢，贈趙州掌，是體是用？（舉起手）者篾籃子，是十五錢買得。」

> ——宋·法澄：《希叟紹曇禪師廣錄》卷二，《卍續藏》第 70 冊，第 427 頁。

064. 莫說一碗粗茶一炷香

伏虎禪師忌日拈香：「四年承乏雲峰寺，暗寫秋腸寄阿誰。每到十一月初五，一狐疑了一狐疑。故我開山伏虎禪師，指柳罵楊，傷龜恕鱉，你死我活。莫說一碗粗茶一炷香，也勝和盲教訴瞎。」

> —— 宋·元靖：《運庵普岩禪師語錄》卷一，《卍續藏》第 70 冊，第120 頁。

065. 設茶為病僧祝壽

首山茶筵，示眾：「大雪後，冬至前，陰極陽生，好個時節。恰遇我青原諸法侄新起個烹雪堂，過冬又有首山中千監院設茶為病僧祝壽，不肖之子劍刃一生，母難之辰何堪壽祝？幸有達孝覺皇一句無生法乳，足以超脫世間煩惱，舉來報答，正可破顏。昔年博山和上盧墓過桐，先外祖吳觀我公於一喝下忽脫桶底，先母亦皈依取名。今日說起多生業緣，啼笑同時，有何可避！每聞先外祖雪裏打春雷，中有大父母，後從刀兵水火中息喘，杖人之門。又聞死是大恩人，乃祝無量壽。由今看來，以雪埋雷，以死祝壽，不妨奇特。有觸此語徹底放下，得一場大慶快者麼？果然絕後重蘇，通身白汗，回視一切利害得失，人我生死瓦解冰消。由我自在出入香水海中，浮杯執杖俱是報恩。未出母胎，指天指地，何勞雲門更費力耶？如或蹉過，問著自己的大父

母落在何處？越發茫茫不如。且進堂去，一念萬年，盡此一報，普作供養。珍重！」

> ——清‧愚者（方以智）:《青原愚者智禪師語錄》卷二,《嘉興藏》第 34
> 冊，第 827 頁。

066. 延賓不煮茶

上堂:「三歲孩兒抱花鼓，八十翁翁輥繡球。嬌羞老醜都呈露，值得諸人笑不休。山僧昔在南屏山下糞掃堆頭拾得一領破襴衫子，抖擻將呈，天目不為顧采。又過崇德，撞著惡辣漢，被渠搛（昌者切，裂開也）破，七孔八穿。收拾仍歸南屏，深藏四十餘年，不將輕與外人。無端今日來，天衣比看，破舊相似，顏色一般。著來嫌袖大，起舞覺天寬。值得十峰齊起舞，雙澗共鳴淵。盡看當場，鮑老不知，笑倒旁觀。」

遂大笑，拈拄杖畫一畫:「更把一枝無孔笛，等閒吹出萬年歡。」復舉三聖我逢人則出話。師云:「二大老竊得臨濟家私，各自賣弄。檢點將來，好與一坑埋卻。」

同參至上堂:「颯颯涼風景，同人訪寂寥。煮茶山下水，燒鼎洞中樵。慈明老祖將常住物作自己人情，天衣則不然。供佛懶拈花，延賓不煮茶。莫嫌無禮數，冷淡是僧家。」

> ——明‧文琇集:《增集續傳燈錄》卷四,《卍續藏》第 83 冊，第 303 頁。

067. 禮白嶽遇茶

橋左一大士廟，老僧進杯茗。五里至臨安，西市汪鋪饋食，皆淡味。古云:「山中無鹽豉，故壽其然耶。」十一日，五里至青溪，渡溪多馬卵石，一路多水碓，泉流甚壯。又五里至錢王鋪，又十里至化龍館，十里至橫塘，又十里至藻溪。時雨初霽，雲氣亂如奔馬，四山多畫眉聲。三里至瓶窯河口，溪聲瀺瀺，跨溪建一觀音閣，老僧煎茗施行者。土人趙老角巾褐衣來迎客，雲閣本其所建，生二子，一掾史一諸生，平生步履不越溪上，日聽水聲，看山色而已。

> ——明‧李日華:《禮白嶽紀》，見陳夢雷:《欽定古今圖書集成‧方輿彙
> 編‧山川典卷》八十九白嶽山部，第 190 冊，第 41 葉。

068. 報德寺茶風

　　報德寺，高祖孝文皇帝所立也，為馮太后追福，在開陽門外三里開陽門御道。東有漢國子學堂，堂前有三種字石經，二十五碑表裏刻之。寫《春秋》《尚書》二部，作篆科斗隸三種字，漢右中郎將蔡邕筆之遺跡也。猶有十八碑，餘皆殘毀。復有石碑四十八枚，亦表裏隸書，寫《周易》《尚書》《公羊》《禮記》四部。又讀書碑一所，並在堂前。魏文帝作《典論》云，碑至太和十七年猶有四，高祖題為勸學里，里有文覺、三寶、寧遠三寺。武定四年，大將軍遷石經於穎，周回有園。珍果出焉，有大谷梨。承光之柰，承光寺亦多果木，柰味甚美，冠於京師。

　　勸學里東有延賢里，里內有正覺寺，尚書令王肅所立也。肅字公懿，琅琊人也，偽齊雍州刺史奐之子也，贍學多通，才辭美茂，為齊秘書丞。太和十八年背逆歸順，時高祖新營洛邑，多所造制論。肅博識舊事，大有裨益。高祖甚重之，常呼王生，延賢之名因肅立之。肅在江南之日，聘謝氏女為妻。及至京師，復尚公主謝作五言詩以贈之。其詩曰：「本為箔上蠶，今作機上絲。得路逐勝去，頗憶纏綿時。」公主代肅答謝云：「針是貫線物，目中恒任絲。得帛縫新去，何能衲故時。」肅甚愧謝之色，遂造正覺寺以憩之。

　　肅憶父非理受禍，常有子胥報楚之意，畢身素服不聽樂。時人以此稱之。肅初入國，不食羊肉及酪漿等物，常飯鯽魚羹，渴飲茗汁。京師士子道：「肅一飲一斗，號為漏巵。」

　　經數年已後，肅與高祖殿會食，羊肉酪粥甚多。高祖怪之，謂肅曰：「卿中國之味也，羊肉何如魚羹，茗飲何如酪漿。」肅對曰：「羊者是陸產之最，魚者乃水族之長，所好不同，並各稱珍，以味言之甚是優劣。羊比齊魯大邦，魚比邾莒小國，唯茗不中，與酪作奴。」高祖大笑因舉酒曰：「三三橫，兩兩縱，誰能辨之賜金鐘。」御史中丞李彪曰：「沽酒老嫗甕注坑，屠兒割肉與秤同。」尚書右丞甄琛曰：「吳人浮水自云工，妓兒擲絕在虛空。」彭城王勰曰：「臣始解此字是習字。」高祖即以金鐘賜彪。朝廷服彪，聰明有智，甄琛和之亦速。彭城王謂肅曰：「卿不重齊魯大邦，而愛邾莒小國。」肅對曰：「鄉曲所美，不得不好。」彭城王重謂曰：「卿明日顧我，為卿設邾莒之食，亦有酪奴。」因此復號茗飲為酪奴。

　　時給事中劉縞慕肅之風，專習茗飲。彭城王謂縞曰：「卿不慕王侯八珍，好蒼頭水厄。海上有逐臭之夫，里內有學顰之婦。以卿言之即是也。」其彭城

王家有吳奴，以此言戲之，自是朝貴燕會，雖設茗飲，皆恥不復食，唯江表殘民遠來降者好之。後蕭衍子西豐侯蕭正德歸降，時元義欲為之設茗，先問：「卿於水厄多少？」正德不曉義意，答曰：「下官生於水鄉，而立身以來，未遭陽侯之難。」元義與舉坐之客皆笑焉。

———北魏·楊衒之：《洛陽城南伽藍記》卷三，《大正藏》第 51 冊，第 1011 頁。

069. 諸仁者，因甚隔渺茫

茶話：「秋風至時秋葉黃，遊子未歸心慘傷。舊日田園雖未失，怎奈雲山隔渺茫。諸仁者，因甚隔渺茫？挾策博弈遊，異趣均亡羊。但能俱放下，管取到家鄉。」

———明·元賢說，清·道霈錄：《永覺元賢禪師廣錄》卷六，《卍續藏》第 72 冊，第 420 頁。

070. 今時叢林，徒有備茶之禮，曾無考績之說

茶話：「古人於朔望前一日，住持備茶者，謂之普茶。普會大眾敘半月之程，用考功績也。今時叢林，徒有備茶之禮，曾無考績之說。徒費檀信供奉之心，住持營辦之念，於事何益！且天下億萬之中，曾得一二出家。既出家已，千萬之中，得一二發心修行。既發心已，千萬之中，得一二坐禪。我等既已坐禪，不可因循度日。昨日已是差過，今日不可更踏其阱，須猛著精彩。此生決要了辦，不爾，則誓不休也。」

堂外者自作念云：「佛會難逢，福田難遇，大眾難值，我等盡心供給，不令乏少。倘彼得道，我等可作得度因緣。此只是中根所見，若是上根即不然。觀他溈山典座，雪峰飯頭，百丈開田，雲峰化主，皆不壞日用而心契真乘。彼既丈夫我亦爾，好事豈可都讓別人做了，我等亦當晝夜竭力參扣。倘或發明，不空出家也。大眾，山僧不解說法，但所舉的俱是真實。如肯依行，必不相賺。」

———明·明凡：《湛然圓澄禪師語錄》卷四，《卍續藏》第 72 冊，第 796 頁。

071. 佛法皆因自破，豈三武而能破耶

天寧寺茶話：「世亂始知烈士志，事難方顯丈夫心。所以此《法華經》，

如來在世猶難，況濁惡世中受持演說耶！然受持演說，不以為難，施主捨所難捨，常住辦所難辦，是為甚難。然施主割其餘分，其難猶易。常住求人之難求，又覺為難矣。況三五百眾同居，無分田寸土，皆出心力經略而得之，寧非難之至難耶！初非為己，先欲成人念佛法之將湮，痛慧命之斯絕，故不憚勤勞，建茲勝會，真菩薩之運心也。然我在堂安享，大眾，當思報恩可爾。所謂恩有多種，諸佛舍淨妙土而示生惡國之恩，諸聖賢輔佐助宣之恩，諸祖捨萬死一生求教翻譯之恩，國王大臣匡護之恩，檀那捨所難捨供養之恩，會首常住辦所難辦之恩。恩德極多，不能備述。欲報無他，惟在精勤學道而已！兄弟家，進堂兩月餘矣，未審有解報恩者也未？若有，則無論佛恩君恩親恩，施主常住，一齊報足。所謂一念歸真，日用斗金非分外。若未報得，實謂時餐粒米也難消。然根基利鈍亦有不等，未可槩言，但不可少其退省。假如今日常住辦茶，是為考功茶也，考其半月中間得何功業，解得幾句佛法麼？誦得幾部經麼？作得幾件好事麼？或豁然開悟麼？或念佛純熟麼？有則自生歡喜，無則痛加鞭策。前半月已差過矣，向後不可仍前差過也。若如是者，亦可云報恩也已。若是吃閒飯，鬥是非，造謗書，揭惡款，損行止，如此修行，實為魔業。所謂滴水難消，尚不免於地獄，何能望成聖道哉！何也？儒門有隱惡揚善之句，佛氏有護善遮惡之戒。若彼有過而謗者，律名有根波羅夷。若彼無過而謗者，律名無根波羅夷。波羅夷是梵語，此云棄。有犯此者永棄佛法邊外，不復更有沙門名字。夫有根無根，謗人皆得波羅夷罪。今時學者思不及此，無論師徒道友，一有觸忤便寫揭帖，捏造惡款，曲盡小心，沿門投遞，縱彼有過，寧不思《梵網經》云：『說四眾過戒謗三寶戒。』學者豈不讀耶！諸方惟尚玄解，而論不及此。余一有聞，不覺痛心切齒，所謂師子身中蟲，自食師子身中肉，非餘外蟲而能食者。繇是而推，佛法皆因自破，豈三武而能破耶！我輩受施主供養，負大眾殷勤，所圖何事？作此行徑，既往不咎，向後切不得如此。若不循諸佛之誡，有歲月兮促君壽，有閻王兮妒君福，甚可寒心。珍重！」

　　　　——明・明凡：《湛然圓澄禪師語錄》卷四，《卍續藏》第 72 冊，第 797 頁。

072. 仍濃煎金字品茶

　　上堂：「昨日佛法太殺，有只是牙齒痛。今朝牙齒幸平復，思量無甚佛法可說。就中有個衲僧出來道：『天童天童，你得恁麼潑狼潑賴，佛法豈扛牙齒

上敲磕？況敲有無之邪？」山僧不妨借水獻華，便將今日尼本慈設底細齋請你吃了，仍濃煎金字品茶，熱炙兩手奉上。何故如此？但願你自信得及，肯恁麼作得主，省卻山僧多少心力。」

——清·顯權：《弘覺忞禪師語錄》卷二，《乾隆藏》第 155 冊，第 101 頁。

073. 一百三十歲僧

《舊唐書·宣宗紀》：大中三年，東都進一僧，年一百三十歲。宣宗問服何藥而致，僧對曰：「臣少也賤，素不知藥。性惟嗜茶，凡履處惟茶是求。或遇百碗，不以為厭。」因賜名茶五十斤，命居保壽寺，名飲茶所曰「茶寮」。

——清·陳夢雷：《欽定古今圖書集成·經濟彙編·食貨典》卷二百九十五，茶部紀事一。中華書局影印版，1934 年，第 699 冊，第 42 葉。

074. 一句茶令未盡，試舉與大眾

除夕示眾，師云：「年盡月盡日盡時盡，滿盤果子吃盡，禪和肚內屎腸子都抖盡，只有明上座一句茶令未盡。試舉與大眾。切不可道著除歲，道著者吃茶。春宵一刻值千金，寸金難買寸光陰。暫時不在如同死人，各人照顧話頭。」

時一眾不契，西堂含璞出眾向前，展兩手云：「既一切都盡，更要某甲道個甚麼？」

師云：「卻被闍黎勘破。」

——清·海明：《破山禪師語錄》卷六，《嘉興藏》第 26 冊，第 26 頁。

075. 門裏出身易，身裏出門難

茶話：「近日學人，見十二分教，則呵為拭瘡疣紙。見五宗言句棒喝，則奉為鎮海明珠。不知這個不在十二分教上，亦不在五宗言句棒喝上。若只向言句棒喝之下鑽研，求通宗師血脈，則全成邪見。聚八閩之鐵，不能鑄成這一錯也。所以古人道：『門裏出身易，身裏出門難。』諸人切莫倚門靠戶說禪也。」

——明·元賢說，清·道霈錄：《永覺元賢禪師廣錄》卷六，《卍續藏》第 72 冊，第 416 頁。

076. 且約後日攜酒尋春

元豐七年二月一日，東坡居士與徐得之、參寥子步自雪堂並柯池，入乾明寺，觀竹林，謁乳姥任氏墳。鋤治茶圃，遂造趙氏園、探梅堂至尚氏第，觀老枳偃蹇如龍蛇形，憩定惠僧舍，飲茶任公亭，師中庵乃歸。且約後日攜酒尋春於此。

——宋・蘇軾：《東坡志林》卷十，《四庫全書》子部・雜家類，第 863 冊，第 85 頁。

077. 第一吃茶不用巧

清宇程居士請茶話，師云：「第一吃茶不用巧，當陽指示莫忘了。疑情決處是知音，究竟來時誰欠少。剔起眉毛仔細看，休於眼下成顛倒。饒君生死盡掀翻，到底還他大徹好。嘯月吟風沒復藏，落花滿地當人掃。從茲截斷腳跟頭，免向他家門上討。咄！」

——清・如相：《敏樹禪師語錄》卷五，《嘉興藏》第 39 冊，第 488 頁。

078. 凡夫肉眼窮相骨頭

鄭光業策試，夜有吳人突入，吳語曰：「必先必先，可相容否？」光業為輟半鋪之地，其人曰：「伏取一杓水，更乞煎一碗茶。」光業忻然為取水煎茶。居二日，光業狀元及第，其人啟謝曰：「既煩取水，更使煎茶，當時不識貴人，凡夫肉眼，今日俄為後進，窮相骨頭。」

——宋・曾慥：《類說》卷三十四，《四庫全書》子部・雜家類，第 873 冊，第 585 頁。

079. 今宵且吃紫雲茶

除夕上堂，問：「臘盡冬殘即不問，年窮歲畢時如何？」

師云：「東家敲鑼，西家擂鼓。」

乃云：「正當與麼時，大眾應委悉。若委悉，說甚臘盡冬殘，年窮歲畢，直教爍迦羅眼不能窺，歷代祖師口掛壁。如其未然，切莫虛棄好光陰，抖擻精神須猛力。今宵且吃紫雲茶，明早披衣祝聖節。」

卓拄杖，下座。

——清・照永：《象林本真禪師語錄》卷一，《嘉興藏》第 39 冊，第 700 頁。

080. 十指輕沾雲外露，拈來活對趙州禪

　　派行如曇，仙遊郭氏，生雍正甲寅年八月廿七日亥時。十一歲邑之靈山寺璨玉耆德為之芟染，秉吾山石英和尚戒，傳恢立大師衣拂。嘉慶辛未，嗣席黃檗。佛成道日上堂：「今日世尊成道，天氣恁麼溫和，大地無霜無雪，幽情愜我禪那，如寶中選其至寶，金內揀厥真金。」呈拂子云：「茲乃如來成道佳晨，正衲子傾心之際，惹得古今天下諸善知識，莫不慌慌忙忙、抖抖擻擻，各立境界，別轉家風。」豎起拂子云：「萬象漸回春，梅花遲與早，直證如來禪，心明是至寶。大眾，仍向殿中伸拜意覰！依舊有條只攀條，切莫兩相來鈍置。」下座，以拄杖引行，登殿拈香。山居偈云：「林泉受用愛斯居，處世漫漫豈獨余？李愿頻軌盤谷墅，王維深結輞川廬。竹松環繞青蒼映，春夏相交冷暖如。一息頓消灰百念，波波挈挈總皆虛。」摘茶偈：「含春紫荚倍鮮妍，一發清香挹曉煙。十指輕沾雲外露，拈來活對趙州禪。」

　　——明·重興隆琦隱元等輯，獨往等編訂續修：《黃檗山寺志》卷三，見杜潔祥主編《中國佛寺史志彙刊》第三輯第 4 冊，丹青圖書公司，1985 年，第 222～224 頁。

081. 談笑飲茶無處避

　　上堂云：「機回明位，妙盡轉身。一夢青山，滿船白月。子夜雲收碧漢，中秋露混銀河。蘆花深處驀相逢，談笑飲茶無處避。正恁麼時，更須知有一人不合伴。」

　　——宋·德初、義初等編：《真歇清了禪師語錄》，《卍續藏》第 71 冊，第 773 頁。

082. 世間何物最苦

　　道永周總戎護法請茶話，師云：「一番拈出一番新，一度用來一度親。今夜飽飧無剩物，人人吃著甚奇珍。且道那裡是甚奇珍處？」

　　以果舉示云：「大眾於斯明得，便知周大護法入山設茶，請山僧說茶話的落處。於斯未明，老僧向本分話中聊通一線，以奉竭誠，自道去也。若是有福之人，修福若大海之納百川而長長不斷；如是以善之人修善，如高山之通萬壑而巍巍更增。不惟積功勳於桂子蘭孫，以為改換門庭，光宗耀祖然。雖如是，未免與諸人通個消息。昔日洞山問一僧：『世間何物最苦？』僧云：『三途

地獄最苦。』山云：『不然，若不明此衣線下一段大事，是名最苦。』拈云：『洞山老漢只知推物為本，不知元本故物，致令此僧只見其苦不見其樂。若在老僧門下，好與劈脊便棒，使他通身快活，脫卻鶻臭布衫。不見頌云：『三途地獄有多般，鐵柱銅床未足酸。珍重古人親切語，袈裟之下莫顢頇。』若能透徹此案，便是閻羅老子殿前一本赦書。然雖如是，且道老僧是肯伊耶不肯伊耶？速道速道。」

眾無對。師拽拄杖歸方丈。

——清·如相：《敏樹禪師語錄》卷五，《嘉興藏》第 39 冊，第 489 頁。

083. 坦然齋後一甌茶

按《五燈會元》：安吉州西余師子淨端禪師，本郡人也，姓丘氏。始見弄師子，發明心要。往見龍華，蒙印可，遂歸里中，合彩為師子皮，時被之，因號端師子。丞相章公慕其道，躬請開法吳山，風化盛播。開堂曰：「僧官宣疏，至推倒回頭，趕翻不託。七軸之蓮經未誦，一聲之漁父先聞。」師止之，遂登座，拈香祝聖罷，引聲吟曰：「本是瀟湘一釣客，自西自東自南北。」大眾雜然稱善。師顧笑曰：「諦觀法王法，法王法如是。」便下座。

上堂：「二月二，禪翁有何謂？春風觸目百花開，公子王孫日日醮。醮醉唯有殿前陳，朝檜不入時人意。禪家流，祇這是莫思慮，坦然齋後一甌茶，長連床上伸腳睡。咄。」

師到華亭，眾請上堂：「靈山師子，雲間哮吼。佛法無可商量，不如打個筋斗。」便下座。問：「羚羊未掛角時如何？」師曰：「怕。」曰：「既是善知識，因何卻怕？」師曰：「山僧不曾見，恁差異畜生。」

——清·陳夢雷：《欽定古今圖書集成·博物彙編·神異典》卷一百八十，僧部列傳五十六·淨端，中華書局影印版，1934 年，第 504 冊，第 11 葉。

084. 設茶吟

文應運設茶：「孰把春風剪碎來，山堂夜夜共銜杯。於中有個搜腸訣，吃著令人夢眼開。」

韓道啟設茶，舉杯示眾云：「會麼？」眾無對。師以拄杖左右打云：「山僧夜夜飲春毛，劈腹剜心為爾曹。總為爾曹不解會，故拈拄杖打驢腰。」

無邊林居士設茶：「俗筵以酒敘話，僧舍敘話飲茶。茶酒雖然各別，要且事同一家。如何是同的道理？歲歲濃霜潑菊花。」

黃相寰設茶：「數色名園果，一杯春露茶。大家同飲啖，幾個不黏牙？」

張恭人設茶：「山月似鏡明，杯茗如玉碧。消息在其中，諸人識不識？若識則寒山比的，趙州道的，無不冰釋。」

熊有貴設茶：「昨夜焚香飲雀舌，今宵剪燭醉龍團。燭光炯炯輝猊座，香氣騰騰噴綺筵。這冤家當陽即是，轉念被瞞。」顧左右云：「還有不被瞞者麼？」

吳可安設茶：「劫前那一段，猶如生鐵片。若能嚼破他，何愁不了辦。」

除夕茶話：「處處梅花開似玉，家家爆竹向如雷。山僧無別為分歲，一個清清茶一杯。雖然，且道是甚麼滋味？若也識得，何夕可除？如其未能，明朝新歲。」

茶話：「昨日三十，今日初一。大家共吃茶，莫將口打濕。若將口打濕，拄杖劈頭擊。」

臘八茶話：「鍾停鼓歇夜沉沉，大家相聚吃山茗。其中滋味如親識，不須天上覓明星。」

熊居士設茶，師指燈花召侍僧曰：「摘取來。」僧無對。乃云：「金牛喚眾吃飯，趙老呼僧飲茶。惟有山僧迥別，教人摘取燈花。且道與二尊宿相去多少？」維那云：「不隔一些。」師起身云：「謝熊居士茶。」

中秋茶話：「靄靄白雲垂徑岸，飄飄黃葉落江濱。五湖衲子齊雲集，一個杯中月一輪。」以拂子打圓相，下座。

解製茶話：「自從結製九旬來，夜夜烹茶共舉杯。獨有今宵分外別，震威一喝吼如雷。」喝一喝，云：「聞麼？若也聞得，始知十月十五布袋未曾結卻，正月十五布袋未曾解開。」

端午茶話：「日日橫談豎說，朝朝捏聚打開。與麼漏逗無別，要透祖意西來。如何是祖意西來？角黍堆盤茶滿杯。」

瑞麟居士設茶：「經餘田舍煙村，歷遍山巔麓足。劫前一片信心，特從這裡拈出。如何是瑞麟居士的信心？杯裏新茗碧如玉。」

孔居士設茶：「白雪浮甌撲鼻香，飲著風生兩腋涼。滋味雖然只這是，定要當人親口嘗。」

茶話：「莫管雀舌龍團，只須信口吃去。咬著趙州道的，頓令生死豁地。」

秦繼淳設茶：「風自清兮雲自淡，檀那信手煎團片。莫教徒飲月明前，要識香甜那一段。」

林自奇設茶：「檀越設茶請開示，啟口奈乎無一字。」以拂子畫圓相云：「直須嚼碎這些兒，弄箸舉杯無不是寶山。」

設茶，師以拂子畫圓相云：「祇這個不從雨前摘來，亦非鼎中煎出。有人吃著些兒，憑教通身換骨。」

中秋設茶：「中秋佳節是今夕，監院設茶普請吃。芝麻餅比月輪圓，不必區區天上覓（是夜無月）。」

——清·真解等編：《東山梅溪度禪師語錄》卷六，《嘉興藏》第 39 冊，第 399～400 頁。

085. 且如何得息疑去

小參：「弓影杯中，心疑是蛇。求醫覓藥，胸次如麻。蓋為所見不真，枉向人前諮嗟。且如何得息疑去？再坐盤中弓落瑎，饑時吃飯渴飲茶。」

——清·傳鵬編：《粟如瀚禪師語錄》卷四，《嘉興藏》第 40 冊，第 461 頁。

086. 趙州茶贊

汾陽昭頌云：「趙州有語吃茶去，天下衲僧總到來。不是石橋元底滑，喚他多少衲僧回。」

黃龍南云：「趙州驗人端的處，等閒開口便知音。覷面若無青白眼，宗風爭得到如今。」

投子青云：「見僧便問曾到不，有言曾到不曾來。留坐吃茶珍重去，青煙暗換綠紋苔。」

佛國白云：「此間曾到不曾到，人義人情去吃茶。院主不知滋味好，卻來爭看盞中花。」

雲蓋智云：「趙州吃茶話，自古及至今。易開終始口，難保藏歲心。」

佛眼遠云：「趙州一甌茶，驗盡當行家。一期雖似好，爭免事如麻。」

——元·釋道泰輯，善俊、智境等編：《禪林類聚》卷十八，《卍續藏》第 67 冊，第 110 頁。

087. 遊雞足山記

　　雞足山為滇西名勝，相傳即世尊大弟子迦葉捧衣入定處。予制滇數年，未獲遊之。辛未冬，奉旨巡歷金江，與提軍會於賓川。山在賓川之境內，相望數十里，因便道一遊。時仲冬朔有三日也。

　　自賓川攜諸友西行五十里，宿甸尾村，已近山麓。望山頭諸佛剎，隱現滅沒，恍若圖畫。朔四日天明起，行二十里至拈花寺。又十里至靈山一會，此乃雞山總坊也。

　　至坊前，僧眾俱迎道左。少坐一茶，即上山。十里至大覺寺，寺為雞山大剎，向來迎駐遊山官客者。入寺，進重門，有水一池，板橋渡其上。池中藻荇交橫，錦鱗游泳，頗有可觀。上殿禮佛畢，住持僧引至客樓。樓前亦有水花池，池畔丁香花盛開，布置楚楚。即坐廳事，午飯畢，攜友乘馬同遊各寺。

　　初至石鐘寺，懸前制軍蔡仁庵、撫軍王在茲諸公扁聯，甚麗。茶罷，上寺前鐘樓遠眺，少頃即下。至悉檀寺，為麗江木土官之祖木增所建。左有藏經閣，頗幽邃。又至古雪齋，傍有片雲居，皆極靜僻。未久，即上白雲居，松徑陡甚，諸友皆下馬，步而入庵。中亦有池，頗寬，水清甚，遊魚蝌蚪，歷歷可數。心樂之，因命酒，同諸友坐池頭，令歌童打十番鼓，唱清曲以侑酒。薄暮，仍回大覺寺宿焉。

　　初五日，侵晨上山，未里許，過寂光寺，寺僧迎於馬首。入寺一觀，茶罷復行。路皆盤回而上，人馬行松陰中，耳目俱靜，萬籟無聲，所聞者惟馬蹄聲耳。約十里，至玉皇閣。前佛殿數層，悉被回祿，惟一閣巋然獨存。下馬登閣，與諸友茶話。

　　移時又上，三里許，至迦葉殿，即此山之主寺也。數年前亦被回祿，殿堂客樓，皆新構者。下馬，至殿上禮迦葉畢，寺僧導至客樓，坐而獻茶。茶罷，登樓一望，因前有小屋遮之，甚覺不爽；特囑寺僧，令其將來拆去，以舒眼界。少坐，下樓上山頂。危徑陡絕，約四五里，必攀蘿捫石而後可上。余乘小輿，諸友皆步行，扶杖而登。數十步一坐，揮汗如雨，甚覺艱苦。

　　至銅瓦殿，後即猢猻梯。小輿亦不能前，遂舍輿而步。先令二人引繩而上，余尾其後，援而登。至絕頂，俯視眾山，千峰萬壑，皆在眼底。山頂有銅殿，為明黔國公所造，階砌悉蒼山石。近為火毀，欄楯俱壞，惟銅殿獨存。

　　坐而飲茶，隨至佛殿。殿後舊有天長閣，今亦毀。寺僧謀再建。余問天長之名，僧云：「山乃火星，以水制之，取天一生水之義。數年前，有遊方僧

野竹者，募建塔於山頂。堪輿家言，火星益熾。以故，山中各寺多遭回祿。欲拆去此塔，又恐見責於地方官，甚難之。」余感此言，因許其建閣，更名「天一」。且為大理賓川守牧言之，許其毀塔，僧感甚。

更至殿後，四望此山之景，來龍千里，萬山環拱。金江繞其左，洱水明其右，點蒼相望，若輔車之相依，信為福地。遂與諸友席地而坐，命歌童臨風度曲。山高風勁，百體生寒，促令暖酒，各飲數杯。飲罷，僧復導引，由後山虎跳澗緣崖而下。其險不亞猢猻梯，而曲折過之。

行三里許，至曹溪泉。僧云：「其水，雨不盈，旱不竭。」汲而嘗之，潔甚。又行里許，至華首門，即相傳迦葉守衣入定處。新建小閣，塑迦葉像。閣後石壁如鐵，崖影若門。崖上有「嶽外一尊」四字，為桌司許無功所書。

至此，足力少疲，坐而飲茶。茶罷，又行里許，仍會銅瓦殿舊路，遂乘小輿而下。復至迦葉殿午飯，飯畢下山。至大覺寺，日已入矣。次早下山，北行九十里，即抵金沙江岸云。

　　——清·范承勳：《遊雞足山記》，見杜潔祥主編《中國佛寺史志彙刊》第
　　　　三輯第 1 冊《雞足山志》，丹青圖書公司，1985 年，第 595～601 頁。

088. 茯苓泉

茯苓泉在靈隱寺後山，古松婆娑，泉極甘冽，韜光庵韜光禪師建。師蜀人，當唐太宗時辭師出遊，師囑之曰：「遇天可前，逢巢即止。」師遊靈隱山巢溝塢，值白樂天守郡。悟曰：「此吾師之命我也，遂卓錫焉。」樂天聞之，遂與為友，題其堂曰「法安」。嘗以詩招之入城云：「白屋炊香飯，葷羶不入家。濾泉澄葛粉，洗手摘藤花。青芥除黃葉，紅薑帶紫芽。命師相伴食，齋罷一甌茶。」韜光不赴，報之詩云：「山僧野性好林泉，每向岩阿倚石眠。不解栽松陪玉勒，惟能引水種金蓮。白雲乍可來青嶂，明月難教下碧天。城市不能飛錫去，恐妨鶯囀翠樓前。」內有金蓮池、烹茗井，壁間有趙閱道、蘇子瞻題名。

　　——明·田汝成：《西湖遊覽志》卷十，《四庫全書》史部十一·地理類
　　　　六，第 585 冊，第 171 頁。

089. 吃茶後無事歸堂好

鄒居士設浴，請茶話：「今日鄒居士，為眾僧設浴。諸人已各向香水海中，一絲不掛，脫體風流，通身作用，放大光明了也。今夜又要邀老僧到此，

更有何事？只為個末後句未曾道得。作麼生是末後一句？吃茶後無事歸堂好。」

  ——清·道霈：《永覺元賢禪師廣錄》卷六，《卍續藏》第 72 冊，第 416 頁。

090. 但烹苕溪一滴水，普供養大眾

  除夕茶話：「老僧居苕溪，尋常未曾鼓兩片皮與諸人葛藤。今當歲除之夕，俗例分歲。適逢荒歉，常住淡泊，也無雲門餅，也無趙州茶，也無金牛飯，也無北禪牛，但烹苕溪一滴水，普供養大眾。這一滴水，斟一任斟，酌一任酌，取之不禁〔註4〕，用之不竭。且道，是甚麼滋味？有道得者麼？試出眾道看。」良久云：「如道不得，老僧為諸人傍通去。切忌有口者吞，只許無舌者嘗。時寒久立。珍重！」

  ——清·道霈：《永覺元賢禪師廣錄》卷六，《卍續藏》第 72 冊，第 416 頁。

091. 吹笛止疫

  趙逵生於南渡之後，身矮面麻，聰明質樸，好讀書，年八歲隨父自內江徙之資中磐石縣北街居住。夏月夜涼，常繞街吹笛為戲。是年，時疫盛行。一日吹笛至北街茶肆，老嫗與逵言：「近有五人來店吃茶，見吹笛過，各迴避，自後疫遂止。」人疑即五瘟使者。又一秀士貌類炳靈神，入茶店囑云：「趙逵有濟貧之心，必獲善果。」言訖忽不見。

  ——明·曹學佺：《蜀中廣記》卷七十九，《四庫全書》史部十一·地理類八，第 592 冊，第 300～301 頁。

092. 錢起茶事

  錢起，字仲文，與趙莒為茶宴，又嘗過長孫宅與朗上人作茶會。

  ——清·汪灝：《御定佩文齋廣群芳譜》卷十八，《四庫全書》子部·譜錄類三，第 845 冊，第 607 頁。

093. 供茶變乳

  無垢居士張九成子韶設〔註5〕心六度，不為子孫計，因取華嚴善知識，日

〔註4〕當為今之「盡」。
〔註5〕「設」疑當為「攝」。

供其二回，食以飯緇流。嘗供十六大天，而諸位茶杯悉變為乳。

> ——清·汪灝：《御定佩文齋廣群芳譜》卷十八，《四庫全書》子部·譜錄
> 　　類三，第 845 冊，第 607 頁。

094. 先戲之，使怒而復喜

葛天民，字無懷，初為僧，名義銛，號樸翁。後返初服，居西湖上，時所交遊皆名勝士。有二侍姬，一名如夢，一曰如幻。一日天大雪，方擁爐煎茶，忽有皂衣闖戶，將大瑠。張知省之命即水張太尉也，招之至總宜園清坐。

高談竟日，雪甚寒劇，且腹餒甚。張初不言相招，乃似葛自來相訪，唯茶話，不設杯酌。延論至晚，一揖而別。天民大恚，步歸，悔為皂衣紿辱。抵家見庭戶間羅列筐籠數十扛，布囊數十挑，楮帛薪炭、米酒殽品，以至香藥適用之物充牣於前。蓋此瑠欲餽是物，故先戲之，使怒而復喜耳。天民嘗有西湖避暑詩云：「有暑猶當避，無憂可得忘。竹疏身共瘦，湖近意先涼。靜勝寧須弈，幽期不待觴。還同殘夢樂，炙背負朝陽。」

> ——明·田汝成：《西湖遊覽志餘》卷二十三，《四庫全書》史部十一·地
> 　　理類六，第 585 冊，第 590 頁。

095. 見怪不怪

予親劉十七郎中家，一日與客正坐，一犬忽人立，捧茶甌而出，客大駭。郎中公不以為異，茶啜訖，還以盞付之。犬既去，行數步，擲盞於地而斃。蓋人不怪其怪，自當其禍也。

> ——宋·馬純：《陶朱新錄》，第 28 頁，《四庫全書》子部·小說家類，
> 　　第 1047 冊，第 212 頁。

096. 是為真樂

真淨和尚示眾云：「是日已過，命亦隨減。如少水魚，斯亦何樂？唯二乘禪定，寂滅為樂是為真樂，學般若菩薩法喜禪悅為樂是為真樂，三世諸佛慈悲喜捨四無量心為樂是為真樂。石霜普會云：『休去歇去，冷湫湫地去，是為二乘寂滅之樂。』雲門云：『一切智通無障礙。』拈起扇子云：「釋迦老子來也是為法喜禪悅之樂。德山棒臨濟喝是三世諸佛慈悲喜捨之樂。除此三種樂外不為樂也，且道歸宗一眾在三種內三種外？」良久云：「今日莊主設齋飯俵齈

錢。參。退僧堂內普請吃茶去。」喝一喝。「會得真淨意旨，斯名得自覺聖智善樂，不然啼哭有日在。」

    ——明·曾鳳儀：《楞伽經宗通》卷三，《卍續藏》第 17 冊，第 667 頁。

097. 講罷，請禪者吃茶

太原孚上座，初在揚州光孝寺講《涅槃經》。有禪者阻雪，因往聽經。至三因佛性三德法身，廣談法身妙理，禪者失笑。孚講罷，請禪者吃茶。白曰：「某甲素志狹劣，依文解義，適蒙見笑。且望見教。」

禪者曰：「實笑座主不識法身。」

孚曰：「如此解說，何處不是？」

曰：「請座主更說一遍。」

孚曰：「法身之理，猶如太虛。豎窮三際，橫亙十方。彌綸八極，包括二儀。隨緣赴感，靡不周遍。」

禪者曰：「不道座主說不是，祇是說得法身量邊事，實未識法身在。」

孚曰：「既然如是，禪德當為我說。」

曰：「座主還信否？」

孚曰：「焉敢不信。」

禪者曰：「若如是，座主輟講旬日，於室內端然靜慮，收心攝念。善惡諸緣，一時放卻。」

孚一依所教，從初夜至五更，聞鼓角聲，忽然契悟，便去扣門。

禪者曰：「阿誰？」

孚曰：「某甲。」

禪者咄曰：「教汝傳持大教，代佛說法，夜來為甚麼醉酒臥街？」

孚曰：「禪德，自來講經，將生身父母鼻孔扭捏，從今以去更不敢如是。」

禪者曰：「且去，來日相見。」

若孚者真不歷僧祇獲法身矣。

    ——明·曾鳳儀：《楞伽經宗通》卷三，《卍續藏》第 17 冊，第 804 頁。

098. 一宿覺屈老僧吃茶

一宿覺和尚，嗣六祖，在溫州。師諱玄覺，字道明，俗姓戴氏，溫州永嘉縣人也。內外博通，食不耕鋤，衣不蠶口，平生功業，非人所測。曾在溫州開

元寺孝順親母，兼有姊，侍奉二人。合寺合廓，人謗其僧。有一日，親母下世，著麻未拋，姊又更被人謗，其僧不能觀得。

有一日，廊下見一禪師，號曰神策，年近六十有餘。弟姊兩人隔簾見其老宿，姊卻向弟曰：「屈老宿歸房裏吃茶，還得也無？」弟便出來，屈其老宿，老宿不欲得入，見其僧苦切，老宿許之。

老宿去房裏，女出來相看曰：「小弟容易，乞老宿莫怪。」便對老宿坐，又教弟坐。

三人說話次，老宿見其僧氣色異於常人，又女人亦有丈夫之氣，老宿勸其僧曰：「孝順之事，自是一路，雖明佛理，未得師印。過去諸佛，聖聖相傳，佛佛印可，釋迦如來，燃燈授記，若不然者，即墮自然矣。南方有大聖，號曰惠能禪師，可往禮足為師。」

僧對曰：「昨者母親下世，只有姊獨自，無人看侍，爭拋得？」

姊卻向弟說：「弟莫疑我，某甲獨自身，取次寄住得，但自去。」

弟僧從此裝裏，卻去寺主處具說前事，寺主曰：「師兄若這個善心，某甲身自不能去，得某相共造善因，師兄但去，莫愁其姊，某甲孝順，但喚來他房裏。」其僧一一依他寺主處分，喚姊去寺主房裏，安排了，便發去。其弟僧年當三十一。

迤邐往到始興縣曹溪山，恰遇大師上堂，持錫而上，繞禪床三而立，六祖問：「夫沙門者，具三千威儀，八萬細行，行行無虧，名曰沙門。大德從何方而來，生大我慢？」

對曰：「生死事大，無常迅速。」

六祖曰：「何不體取無生，達本無速乎？」

對曰：「體本無生，達即無速。」

祖曰：「子甚得無生之意。」

對曰：「無生豈有意耶？」

祖曰：「無意誰能分別？」

對曰：「分別亦非意。」

祖曰：「如是！如是！」

於時，大眾千有餘人皆大愕然。師卻去東廊下掛錫，具威儀。便上禮謝。默然擊目而出，便去僧堂參眾。卻上來辭。祖曰：「大德從何方來？返太速乎？」

對曰：「本自非動，豈有速也？」

祖曰：「誰知非動？」

對曰：「仁者自生分別。」

祖師一跳下來，撫背曰：「善哉！善哉！有手執干戈，小留一宿。」

來朝，辭祖師，禪師領眾送其僧。其僧行十步來，振錫三下，曰：「自從一見曹溪後，了知生死不相干。」

其僧歸來，名號先播於眾人耳，直道不可思議人也！收過者無數，供養者不一，從此所有歌行偈頌皆是其妍集也。

師先天二年十月十七日遷化，春秋三十九，謚無相大師淨光之塔。

——南唐·靜、筠：《祖堂集》卷三，《大藏經補編》第 25 冊，第 1140～
1411 頁。

099. 可惜許工夫，何不選佛去

丹霞和尚，嗣石頭。師諱天然，少親儒墨，業洞九經。初與龐居士同侶入京求選，因在漢南道寄宿次，忽夜夢白光滿室，有鑒者云：「此是解空之祥也。」

又逢行腳僧，與吃茶次，僧云：「秀才去何處？」

對曰：「求選官去。」

僧云：「可惜許工夫！何不選佛去？」

秀才曰：「佛當何處選？」

其僧提起茶垸曰：「會摩？」

秀才曰：「未測高旨。」

僧曰：「若然者，江西馬祖今現住世說法，悟道者不可勝記，彼是真選佛之處。」

二人宿根猛利，遂返秦遊而造大寂。禮拜已，馬大師曰：「這漢來作什摩？」

秀才汰上襆頭，馬祖便察機，笑而曰：「汝師石頭摩？」

秀才曰：「若與摩，則與某甲指示石頭。」

馬祖曰：「從這裡去南七百里，遷長老在石頭，你去那裡出家。」

秀才當日便發，去到石頭參和尚，和尚問：「從什摩處來？」

對曰：「某處來。」

石頭曰：「來作什摩？」

秀才如前對，石頭便點頭曰：「著槽廠去。」乃執爨役，經一二載餘。石頭大師明晨欲與落髮，今夜童行參時，大師曰：「佛殿前一搭草，明晨粥後卻來。」

晨，諸童行競持鍬，唯有師獨持刀水於大師前跪拜揩洗。大師笑而剃髮，師有頂峰，突然而起，大師按之曰：「天然矣！」

落髮既畢，師禮謝度，兼謝名，大師曰：「吾賜汝何名？」

師曰：「和尚豈不曰天然耶？」

石頭甚奇之，乃為略說法要，師便掩耳云：「太多也。」

和尚云：「汝試作用看。」師遂騎聖僧頭。

大師云：「這阿師，他後打破泥龕塑像去。」

——南唐·靜、筠：《祖堂集》卷四，《大藏經補編》第25冊，第1157～1159頁。

100. 焙茶尤妙

《雲蕉館紀談》：明昇在重慶，取浮江青蟆石為茶磨。令宮人以武隆雪錦茶碾之，焙以大足縣香霏亭海棠花，味倍於常。海棠無香，獨此地有香，焙茶尤妙。

——清·陳夢雷：《欽定古今圖書集成·博物彙編·草木典》卷三百，海棠部紀事，中華書局影印版，1934年，第555冊，第11葉。

101. 坐，吃茶

思省庵者，臺之寧海人也，不知其氏，兄弟四人，思最長。一時同發心出家，將祖父遺業悉散與宗親，惟留所居一區。族人互爭不已，思與諸弟各執炬燎之而去。思後參訪，具向上知見。出世領溫之靈雲，遷靈巖，而退止靈雲寺前草舍中。至正甲申，余偕達此原、明性元等往謁。時思年踰九十，厖眉皓髮，頎然清癯，拽履而出。且行且問曰：「何處來？」余曰：「江心。」曰：「深幾百丈？」曰：「謾老和尚不得。」思揖云：「坐，吃茶。」思性方介，作詩頗類寒山子，題罵僧詩於壁，云：「五蘊不打頭自髡，黃布圍身便是僧。佛法世法都不會，嗤豬嗤狗十分能。」案上有語錄一冊，予信手揭觀。結夏上堂，有云：「以大圓覺、牛角、馬角，為我伽藍、瓜籃、菜籃。」又上堂，舉趙州狗子無佛性話，頌云：「狗子佛性無，狗子佛性有。猴愁摟搜頭，狗走抖擻口。」余與此原等請別，不敢再犯其鋒。是夕，宿靈雲，聞老宿舉思言行數端，皆可傳。

——元·無慍：《山庵雜錄》卷二，《卍續藏》第87冊，第129頁。

102. 蝦蟆碚所遺

竹泉縣，南九十里。《輿地紀勝》：苦竹寺傍，宋至和間有僧濬井得筆，黃庭堅謫黔過之，視筆曰：「此吾蝦蟆碚所遺也。」其詩曰：「松滋縣西竹林寺，苦竹林中甘井泉。巴人漫說蝦蟆碚，試裹春芽來就煎。」

——清‧邁柱：《湖廣通志》卷九，《四庫全書》史部‧地理類三，第531冊，第283頁。

103. 松蘿茶實非松蘿所出

茶，一名檟，又名蔎，名茗，名荈。檟，苦茶也。蔎則西蜀語，茗則晚取者。《本草》：「荈甘，檟苦。」《羽經》則稱：「檟甘荈苦。」茶尊為經，自陸羽始。《羽經》稱茶味至寒，採不時，造不精，雜以卉莽，飲之成疾。若採造得宜，便與醍醐甘露抗衡。故知茶全貴採造。蘇州茶飲遍天下，專以採造勝耳。徽郡向無茶，近出松蘿茶，最為時尚。是茶始比丘大方，大方居虎丘最久，得採造法。其後於徽之松蘿結庵，採諸山茶，於庵焙製，遠邇爭市，價倏翔湧。人因稱松蘿茶，實非松蘿所出也。是茶比天池茶稍粗，而氣甚香，味更清。然於虎丘能稱仲，不能伯也。松郡畲山，亦有茶，與天池無異，顧採造不如。近有比丘來，以虎丘法制之，味與松蘿等。老衲亟逐之曰：「無為此山開膻徑，而置火坑，蓋佛以名為五欲之一，名媒利，利媒禍，物且難容，況人乎！」

——明‧馮時可：《茶錄‧總敘》，見《欽定古今圖書集成‧經濟彙編‧食貨典》卷二百九十，茶部匯考七，中華書局影印版，1934年，第699冊，第20葉。

104. 恨此泉不逢陸鴻漸，此茶不逢虎丘僧

馮時可《滇行紀略》：滇南城外石馬井泉無異惠泉，感通寺茶不下天池伏龍，特此中人不善焙製耳。徽州松蘿舊亦無聞，偶虎丘一僧往松蘿庵，如虎丘法焙製，遂見嗜於天下。恨此泉不逢陸鴻漸，此茶不逢虎丘僧也。

——清‧陸廷燦：《續茶經》卷上‧三茶之造，《四庫全書》子部九‧譜錄類二。

105. 是非常茶，仙家有所謂雷鳴者

《月令廣義》：蜀之雅州名山縣蒙山，有五峰，峰頂有茶園，中頂最高處曰上清峰，產甘露茶。昔有僧病冷且久，嘗遇老父詢其病，僧具告之。父曰：「何不飲茶？」僧曰：「本以茶冷，豈能止乎？」父曰：「是非常茶，仙家有所謂雷鳴者，而亦聞乎？」僧曰：「未也。」父曰：「蒙之中頂有茶，當以春分前後多構人力，俟雷之發聲，並手採摘，以多為貴，至三日乃止。若獲一兩，以本處水煎服，能袪宿疾。服二兩，終身無病。服三兩，可以換骨。服四兩，即為地仙。但精潔治之，無不效者。」僧因之中頂築室以俟，及期，獲一兩餘，服未竟而病瘥，惜不能久住博求。而精健至八十餘歲，氣力不衰。時到城市，觀其貌若年三十餘者，眉髮紺綠。後入青城山，不知所終。今四頂茶園不廢，惟中頂草木繁茂，重雲積霧，蔽虧日月，鷙獸時出，人跡罕到矣。

　　——清·陸廷燦：《續茶經》卷下·七茶之事。

106. 邀人啜茶如漢人入酒館也

倭國在海東南，其地分五畿七道，最為雄，長居邪馬臺，王自稱泰伯後，唐咸亨年間，更號為日本。其人嗜酒信巫，輕生好殺，性貪譎，以劫掠為生。兵刃極犀利，裸身赴鬥，慣舞雙刀，輕儇跳躍，能以寡勝眾。至劫營，設伏華人，輒墮其術。其俗飲食常用磁器漆器，尊敬處用土器，有筯匙。男披髮而束之，人佩短刀。婦人拔其眉黛，其額髮垂背而續之以剃，長曳地。男女冶容者黑其齒，會時蹲坐為禮，道遇尊長，脫鞋履而過人。喜啜茶，道傍有茶店，邀人啜茶如漢人入酒館也。富貴家用茶末，僧徒習佛經者知漢字。男女服染青質白文，男衣過膝而止。

　　——清·嵇璜、曹仁虎等：《欽定續文獻通考》卷二百三十七，《四庫全書》史部·政書類二，第 631 冊，第 546～547 頁。

107. 杭州茶

寶雲山產者名寶雲茶，下天竺香林洞者名香林茶，上天竺白雲峰者名白雲茶。蘇東坡詩云：「白雲山下兩旗新。」又寶嚴院垂雲亭亦產茶，東坡有僧怡然，以垂雲新茶見餉，報以大龍團，戲作一律云：「妙供來香積，珍烹具大官。揀芽分雀舌，賜茗出龍團。曉日雲庵暖，春風浴殿寒。聊將試道眼，莫作兩般看。」

又嘗遊諸寺，一日飲釅茶七碗，戲書云：「示病維摩元不病，在家靈運已忘家。何須魏帝一丸藥，且盡盧仝七碗茶。」又南屏謙師妙於茶事，自云：「得心應手，非可以言傳學到者。」贈之詩云：「道人曉出南屏山，來試點茶三昧手。忽驚午盞兔毛斑，打作春甕鵝兒酒。天台乳花世不見，玉川風腋今安有？先生有意續茶經，會使老謙名不朽。」蓋西湖南北諸山及諸旁邑皆產茶，而龍井徑山尤馳譽也。

劉邦彥《謝龍井僧獻秉中寄茶詩》：「春茗初收穀雨前，老僧分惠意勤虔。也知顧渚無雙品，須試吳山第一泉。竹裏細烹清睡思，風前小啜悟諸禪。相酬擬作長歌贈，淺薄何能繼玉川。」

劉士亨《謝璘上人惠桂花茶詩》：「金粟金芽出焙籌，鶴邊小試兔絲甌。葉含雷信三春雨，花帶天香八月秋。味美絕勝陽羨產，神清疑在廣寒遊。玉川句好無才續，我欲逃禪問趙州。」

——明·田汝成：《西湖遊覽志餘》卷二十四，《欽定四庫全書》史部十一·地理類六，第585冊，第604頁。

108. 鑽林茶

鑽林茶，鳥雀銜茶子食之，或有墜於茂林幽谷者，久而生之。山僧或有入林尋採者，所獲不過三數兩，多則半斤，焙而烹之，其色如月下白，其味如豆花香。

——清·陳夢雷：《欽定古今圖書集成·方輿彙編·山川典》卷一百三十九，盧山部匯考三·考。中華書局影印版，1934年，第194冊，第26葉。

109. 琉璃茶

化州有琉璃茶，出琉璃庵，其產不多，香味與峒岕相似，僧人奉客不及一兩。

——清·郝玉麟：《廣東通志》卷五十二，《四庫全書》史部·地理類四，第564冊，第443頁。

110. 頂湖茶

頂湖茶，端州之白雲山頂有湖，僧人於岩際種茶，烹之作素馨花氣，味甘淡而滑，然歲收止石許。

　　——清·郝玉麟：《廣東通志》卷五十二，《四庫全書》史部·地理類四，
　　　第 564 冊，第 443 頁。

111. 雲霧茶

雲霧茶，山居靜者，艱於日給取，諸崖壁間撮土種茶一二區。然山峻寒高，叢極卑弱，歷冬必用茅苫之。屆端陽始採焙成，呼為雲霧茶。持入城市易米，樂饑卒歲。近因棍徒捏稱稅事索騙靜者，以至佳僧半徙他山，茶因荒蕪矣。一日，南康郡守薛公登山覽勝，見茶地盡蕪，詢諸靜者，具言前事。太守慨歎久之，出示招僧復住。是後，又得培植殘根耳。

　　——清·陳夢雷：《欽定古今圖書集成·方輿彙編·山川典》卷一百三十九，
　　　盧山部彙考三·考，中華書局影印版，1934 年，第 194 冊，第 26 葉。

112. 峨眉茶

《文選注》：「峨山多藥草，茶尤好，異於天下。」

今黑水寺後絕頂產一種茶，味佳，而色二年白、一年綠，間出有常。不知地氣所鍾，何以互更？

明初，賜有茶園，在白水寺。植茶萬本，為雲水常住之用。萬曆末，為僧鬻去。至康熙初年，乃以金千兩贖還常住。有碑記其事。

茶為蜀中常產，蒙嶺在名山，霧中在大邑，俱擅古今名品。

世又謂：「峨眉味初甘終苦，不減江南春採。」

又《華陽國志》：「眉州、洪雅、昌闔、丹棱茶，用蒙頂製餅法，片甲、蟬翼，味苦而甘。」

白樂天云：「茶中故舊是蒙山。」

文潞公詩云：「舊譜最稱蒙頂味，露芽雲液勝醍醐。」

　　——清·蔣超撰：《峨眉山志》卷八，《中國佛寺史志彙刊》第一輯第 45
　　　冊，明文書局，1980 年，第 354 頁。

113. 蒙頂雷鳴茶

《集靈記》：有僧在蒙山頂見一老父，云仙家有雷鳴茶井，候雷發聲，井中採擷，一兩袪宿疾，二兩當眼前無疾，三兩換骨，四兩為地仙矣。

——清·陳夢雷：《欽定古今圖書集成·經濟彙編·食貨典》卷二百九十六，茶部雜錄，中華書局影印版，1934 年，第 699 冊，第 44 葉。

114. 琅琊山茶

《太平清話》：琅琊山出茶，類桑葉而小，山僧焙而藏之，其味甚清。

——清·陳夢雷：《欽定古今圖書集成·經濟彙編·食貨典》卷二百九十六，茶部雜錄，中華書局影印版，1934 年，第 699 冊，第 47 葉。

115. 能仁石岩白

建安能仁院有茶生石縫間，僧採造得八餅，號石岩白。以四餅遺蔡君謨，以四餅遣人走京師遺王禹玉。歲餘，蔡被召還闕，訪禹玉，禹玉命子弟於茶笥中選精品餉蔡。蔡持杯未嘗輒曰：「此絕似能仁石岩白，公何以得之？」禹玉未信，索貼驗之，始服。

——明·盧之頤：《本草乘雅半偈》卷七，《四庫全書》子部五·醫家類，第 779 冊，第 325 頁。

116. 山寺蛇種

義興南嶽寺，唐天寶中有白蛇銜茶子墜寺前，寺僧種之庵側，由此滋蔓，茶味倍佳，號曰蛇種。土人重之，每歲爭先餉遺。官司需索，修貢不絕。迨今方春採茶，清明日，縣令躬享白蛇於卓錫泉亭，隆厥典也。後來檄取，山農苦之，故袁高有「陰嶺茶未吐，使者牒已頻」之句。郭三益詩：「官符星火催春焙，卻使山僧怨白蛇。」盧仝《茶歌》：「安知百萬億蒼生，命墜顛崖受辛苦。」可見貢茶之累民，亦自古然矣。

——清·陸廷燦：《續茶經》卷下·八茶之出。

117. 酒令人醉，茶令人醒

毗盧庵茶筵，周貞可文學請行茶令示眾。師舉茶甌云：「酒令易行，茶令難行。酒令人醉，茶令人醒。你請我說，我說你聽。說聽分明，且道是個甚

麼？世間好語，不可說盡。」

——清·通門：《牧雲和尚七會語錄》卷一，《嘉興藏》第 26 冊，第 544 頁。

118. 彼女美麗姿容

　　昔日於波羅奈之都梵與王治國時，菩薩生於迦師國某鐵匠之家庭，彼之父母非常貧窮。距由彼等之村不遠之處，有由千戶所成其他鐵匠之村，於千戶之鐵匠中，有最勝之鐵匠之家，受王之愛顧，富有諸多財寶，彼有一女，甚為美麗，恰如天女，於其國中現一切美人之相。鄰村諸人為訂製剃刀、斧、鋤、鍬及其他道具，將來此村，大抵來者皆見此女而歸去；彼等歸往各各之村，於飲茶閒話之時，或其他集會之時，均讚美彼女美麗之姿容不止。菩薩聞彼女之事，彼只聞傳言，即已魅於彼女之姿，彼思：「予欲彼女為自己之妻。」於是選最佳種類之鐵，作一根細堅之針，向之通線浸水，而又作與針同形之鞘而通線；依此等方法逐漸作成七重之鞘。彼如何作成此物，任何人均不能得教，何以故？唯有依菩薩之博大知識始能完成。彼將針入於管中，外觀為圓管之形，往彼村尋問鐵匠長者所住之街，到達彼處，立於門前叫賣：『我此手製之針，有否以相當之價買針之人？』一面為針之說明，立於長者家之附近唱第一之偈。

——《縫針本生譚》，《漢譯南傳大藏經》第 35 冊，第 128～129 頁。

119. 題玉浪施茶冊

　　性水本然，周遍法界。隨心應量，或為鑊湯沸尿，或為膿血清泉，或諸天甘露之藥，或淨土八功德水，皆循業現，非因緣，非自然性也。夫性真既舉體隨心應量矣，則凡鑊湯八德等，何非本然周遍法界乎？而遍計情執，橫於性真中，分水分火，分寒熱饑渴。故諸佛權智隨情，不與世諍，因寒熱而溫涼之，因饑渴而飲食之，因所見水火而調濟之，遂開施食，施茶種種法門。只此法門，有昧因果者，又出三塗法界。著相計我者，出修羅法界。勉為善者，出人天法界。了本空者，成二乘法界。深入緣起廣演行門者，成菩薩法界。通達實相無入不自得者，成諸佛法界。雖依此法門，具出十法界已，仍於事相不增減，亦於法性不增減。是故不變常隨緣，理具還成事造。隨緣常不變，事造還該理具。是故能施所施及受施者，悉具兩重三千。此所謂三輪體寂，緣起無生，三千無性者也。豈離現前日用，別有向上一著哉！玉公作此不思議法，

徵文於藕益旭子，旭為拈曰：「不了則受此茶者，墮阿鼻地獄，施此茶者，亦墮阿鼻地獄。了得則施者，成無上菩提，飲者亦成無上菩提。」雖然，此猶迷悟情量邊語。畢竟超情過量不屬迷悟，又作麼生？不妨借趙州老婆舌頭，徐徐答曰：「吃茶去。」

> ——明·智旭：《靈峰蕅益大師宗論》卷七，《嘉興藏》第 36 冊，第 375～736 頁。

120. 勸其吃茶養息去

雪山老僧。《竹陰閒話》署此名，所以表示長老之身份者。有作《儒佛會勘》者，大師許其契機，書《閱儒佛會勘隨筆》。惜對方為不懂事漢，竟起而上下其議論；乃不得不示現雪（寶）山老僧之風格，再為閒話一番，勸其吃茶養息去！

> ——印順：《太虛大師年譜》一·名號第十·雪山老僧，《印順法師佛學著作集》第 13 冊。

121. 黃砂罐窄，大葉茶香

癸酉元旦上堂，拈香畢，就座，乃云：「五彩泥牛耕大地，一犁鍬動天和氣。七十二峰如筍生，峰頭似草和煙細。幸勿作西來的大意。」良久云：「今日新正元旦，特特上堂，舉揚佛祖因緣，用祝聖明。山僧到此竭力，不能贊一詞，只得將本色住山語，支塞一上品字柴頭。黃砂罐窄，大葉茶香，水聲噴噴，大家慶賀。太平年不道是崇禎皇帝底聖力。」卓拄杖下座。

> ——明·法藏：《三峰藏和尚語錄》卷三，《嘉興藏》第 34 冊，第 136 頁。

122. 茶夢酒顛

李純甫，字之純，別號屏山，承安中進士，性嗜酒。中歲始學佛，遍觀佛書，能悉其精奧。嘗賦雜詩云：「顛倒三生夢，飛沉萬劫心。乾坤頭至踵，混沌古猶今。黑白無真色，宮商豈至音。維摩懶開口，枝上一蟬吟。空譯流沙語，難參少室禪。泥牛耕海底，玉犬吠雲邊。仰嶠圓茶夢，曹山放酒顛。書生眼如月，休被衲僧穿。」所著有《鳴道集說》，凡二百十七篇。

> ——明·朱時恩：《佛祖綱目》卷三十九，《卍續藏》第 85 冊，第 777 頁。

123. 窮山僻壤，亦多耽此者

靈山寺，出北門十里地，宜茶，俗貴之。近則移嗜武夷茶，以五月至。至則鬥茶，必以大彬之罐，必以若深之杯，必以大壯之爐。扇必以管溪之箑，盛必以長竹之筐。凡烹茗以水為本，火候佐之。水以三叉河為上，惠民泉次之，龍腰石泉又次之，餘泉又次之。窮山僻壤，亦多耽此者。茶之費，歲數千。

> ——清·陳夢雷:《欽定古今圖書集成·方輿彙編·職方典》卷一一〇一，漳州府部·漳州府風俗考，第 164 冊，第 49 葉。

124. 惟武夷茶烹以澗泉，能解之耳

按《江寧府志》:萬鎰，字乘時，家貧，發蒙拆字以活。隆慶中，得末疾以帛絡臂於項，左手執杖而行。一日，早有事過普德寺，肩輿而往。事畢，下輿稍息，見一道人自前山下，呼鎰與語。鎰乃曰:「我不幸得偏枯，乃如此。」道人厲聲曰:「偏枯者，樹之榮悴相半也。樹若此，即屬於火，不得為木矣。汝少，饒今澀怒盛於肝，以致生火，火不生土而土焦，土不生金而金鑠，金不生水，火反克之。子孫拂意，方致汝蹶血氣滯於脈絡，所謂密雲不雨者也。」因問道人何姓。曰:「我思屯乾道人也。」屯於義為難思屯者，常以難自思也。因與言乾坤陰陽之理，甚悉。言畢，曰:「汝可往橋上一行。」鎰不覺遂扶杖隨出。時日初升，道人橋邊對日而立，口喃喃誦而無聲，復呼令行，遂自橋至雨花臺之麓，倚樹坐，以手捫鎰腰，復向衣內上下捫。曰:「幸瘦可愈，不必餌藥。惟武夷茶烹以澗泉，能解之耳。」鎰問其寓。曰:「清元觀問思屯乾道人可也。」別去，歸遂步履如常矣。後至清元觀訪之，但有呂祖塑像耳。乃知思者絲也，以絲合屯為純，乾者陽也，所遇真純陽也。

> ——清·陳夢雷:《欽定古今圖書集成·博物彙編·神異典》卷二百四十六，神仙部·呂真人，第 509 冊，第 15 葉。

125. 芟茶植松柏

南劍西岩回禪師，寶婺人。新行經界茶法，回芟〔註6〕去茶科，植松柏。有訴於有司，追之甚峻。回曰:「少待，吾行矣。」即剃沐升座，辭眾云:「使

〔註 6〕芟〔shān〕:割草，除去等義。

命追呼不暫停，爭如長往事分明。從前有個無生曲，且喜今朝調已成。」瞑目而化。有司遂寢其事。

——元·熙仲：《歷朝釋氏資鑒》卷十一，《卍續藏》第 76 冊，第 251 頁。

126. 呼茶鸚鵡

一巨商姓段者蓄一鸚鵡，甚惠，能誦《隴客》詩及李白《宮詞》《心經》，每客至則呼茶，問客人安否寒暄。主人惜之，加意籠豢。一旦段生以事繫獄，半年方釋，到家就籠與語曰：「鸚哥〔註7〕，我自獄中半年不能出，日夕惟只憶汝，汝還安否？家人喂飲無失時否？」鸚哥語曰：「汝在禁數月，不堪不異，鸚哥籠閉歲久。」其商大感泣，遂許之曰：「吾當送汝歸。」乃特具車馬，攜至秦隴，揭籠泣放，祝之曰：「汝卻還舊巢，好自隨意。」其鸚哥整羽徘徊，似不忍去，後聞止巢於官道隴樹之末，凡吳商驅車入秦者，鳴於巢外問曰：「客還見我段二郎安否？」悲鳴祝曰：「若見時為我道鸚哥甚憶二郎。」余得其事於高虞晉叔，事在熙寧六七年間。

——宋·釋文瑩：《玉壺野史》卷六，《四庫全書》子部·小說家類，第 1037 冊，第 324 頁。

127. 攜嶽中茶入京師教化

天寶初，蜀人薛季昌，昔在峨嵋山注《道德經》二卷，後隱居衡嶽華蓋峰，撰《玄微論》三卷，並《大道頌》一首及注。得司馬弟子王仙嶠寫進上，詔住降聖觀，供器御書批答不絕。及於九真觀奉造聖祖天道玄元皇帝聖像，一鋪十三事，通光座高一丈七尺，經六百七十卷。仙嶠乃本觀道童，性好澹泊，因看《列仙傳》，有物外操，嘗謂五千言外皆土梗耳。攜嶽中茶入京師教化，嘗於城門內施茶，忽一日遇高力士，見而異之。問所來，答是南嶽山九真觀道童，為殿宇頹毀，特將茶來，募化施主。力士喜其言，因聞明皇宣見。帝喜清秀，問曰：「卿有願否？」對曰：「願鬱鬱家國盛，濟濟經道興。」帝喜，令拜司馬先生為師，於內殿披戴厚賜回山。

——宋·陳田夫：《南嶽總勝集》卷二，《大正藏》第 51 冊，第 1074～ 1075 頁。

〔註7〕原作此處闕字，然據上下文推斷，當為「鵡」或「哥」，此處補為「哥」。

128. 茶為清供

六獻總文〔註8〕：三世如來皆至止，十方賢聖悉光臨。雖云一意以精專，惟有數般呈供養。莫不香焚五分，花獻三春。燈為傳法之因，茶乃破魔之瑞。菩提妙果，香積飩飿。獻佛寶則佛果圓成，奉覺皇而覺花開發。念無物不足以見意，惟至誠斯可以感神。向下逐一為宣揚，惟願慈悲垂攝受。

茶：是茶也，碧玉甌中銀浪湧，黃金碾畔雪花飛，撩天鼻孔始聞香，具眼舌頭方了味。今崇佛事，上獻明茶。惟冀聖慈，俯垂攝受（舉鈴云）。

嚩囉明茶，春苞萌芽。白玉分花味最嘉，採摘槍旗布煙霞。野人做，息妖邪。碾玉塵，泛雪花。三吸趙州茶，來去也。囉須彌（依前唱和改度波日適吇波）。

七獻總文〔註9〕：法筵光啟，賢聖降臨，雖至誠自可以感神，然非物不足以見意。是用敬焚一炷煙飄靉靆祥雲，輕折數枝色現芬芳瑞彩。一滴灑為甘露，七層燦若明星。龍團碾破噴清香，蟹眼湯烹有真味。滿前芬馥無非香積廚中，座上圓明盡是菩提種子。用伸貢獻，以表純忱。

茶：趙老吃茶何直截，文殊拈盞忒分明。欲知此味冠鴉山，須是舌頭親具眼。

十二獻總文〔註10〕：道場開啟，法席精嚴。既儀物以廣陳，庶誠心之可表。戒香定香而雲騰霧瀹，智炬惠炬而月耀星耀。優曇花吐帶祥煙，菩提果熟凝甘露。碧琉璃瓶內雪浮，三吸趙州茶，紅碼碯甌中霜清，一滴曹溪水。珍寶般般具足，神珠顆顆光圓。塗漿百味澄清，齋饍五香精潔。霞衣鮮彩，品藥芬芳。今將逐一獻能仁，望賜慈悲同攝受。

茶者：石輪碾碎早春芽，點出浮甌散乳花。啜罷清風生兩腋，休言趙老好烹茶。

茶奉獻，香味總希奇，昔日趙州親自種，今宵信士獻牟尼，烹出雪花飛。

——元·如瑛：《高峰龍泉院因師集賢語錄》卷三，《卍續藏》第65冊，第13～15頁。

〔註8〕「六獻總文」意為「總體描述六種獻供物品的頌文」，此處六種獻供物為香、花、燈、茶、果、食，此處僅擇錄與茶有關的總文、茶頌。

〔註9〕此處七獻分別是香、花、燈、水、茶、果、食，此處僅擇錄與茶有關的總文、茶頌。

〔註10〕此處十二獻分別是香者、花者、燈者、茶者、果者、齋者、水者、塗者、寶者、珠者、衣者、藥者，此處僅擇錄與茶有關的總文、茶者頌。

129. 茶參坐次

自昔禪林參堂入室，惟立受而已，初無坐禮，況敢與主法者抗，使道法不尊？今設茶坐次，惟住持一人正坐於上，餘皆列坐兩旁，自北而南，先本堂上中下座，次各庵首僧、本堂、監寺、知賓、化主，又次各庵散眾及本堂典座等一切行人，即本堂四首座有耆宿與住持年相若、道相似或曾同參共學於此，亦當折節讚揚。故一佛出世，十方諸佛同集，道場先輩祖師亦類。多隱顯上下互相鼓激，無他念也。其或未至無學地位，更當虛心參學，毋自慢高。倘缺住持，則第一座舉揚參請，坐次則堂中四首座上位，各庵首僧、本堂、監寺、知賓下位，餘盡兩旁序坐。

——明·道開：《密藏開禪師遺稿》卷二，《卍續藏》第 65 冊，第 35 頁。

130. 得煎茶三昧

《岩棲幽事》：山谷《賦苦筍》云：「苦而有味，如忠諫之不誤國，多而不害，如舉士而能得賢。」可謂得擘筍三昧。「泡泡乎，如澗松之發清吹，浩浩乎，如春空之行白雲。」〔註11〕可謂得煎茶三昧。

——清·陳夢雷：《欽定古今圖書集成·博物彙編·草木典》卷一百九十六，竹部雜錄，中華書局影印版，1934 年，第 547 冊，第 8 葉。

〔註11〕前句出自《賦苦筍》，後句則出自《煎茶賦》。

第二編　茶境參究

131. 向這裡迷起

僧問：「如何是生死大事？」

師〔註1〕云：「汝今年多少？」

僧云：「三十九歲。」

師云：「且如三十九歲前汝在何處安身？」

僧無語。

師云：「這個便是生死。」

僧進云：「要見在何處迷起？」

師舉茶杯云：「這個喚作甚麼？」

僧云：「茶杯。」

師云：「向這裡迷起。」

——明‧弘歇等編：《雪嶠信禪師語錄》，《乾隆藏》第153冊，第752頁。

132. 只這一味，人人具有

晚參，舉〔註2〕茶杯曰：「昔趙州以一杯茶，普請往來衲子。今日卻落在山僧手裏，願與諸上座大家吃口。你道，個中有味也無？祇要識取這茶。假使放下茶杯，又向甚麼處聻〔註3〕？」

〔註1〕雪嶠圓信（1571～1647），俗姓朱，明清之際浙江鄞縣人。二十九歲出家，初住黃山蓮花峰，晚期住浙江雲門寺。

〔註2〕此為南嶽下第三十七世臨濟常州橫山復松祖栽體禪師舉例講禪。

〔註3〕聻〔nǐ〕：句末語氣詞。呢、哩之意。

—75—

顧左右，曰：「只這一味，人人具有。阿誰放下？」

——清．超永編輯：《五燈全書》，《卍續藏》第 82 冊，第 631 頁。

133. 玄解客，失本心

師云：「認著依前還不是久立，吃茶去。」

河東運使鄭工部，入院相見。茶話次，工部云：「專甲留一偈，贈師得否？」

師云：「何敢運使慈造。」

工部於壁上篆書一偈云：「黃紙休遮眼，青雲自有陰。莫將閑學解，埋沒祖師心。」

復云：「只將此偈，驗天下長老。」

師云：「恁麼則汾陽也在裏頭？」

部云：「簷枷過狀。」

師云：「更不再勘？」

部云：「兩重公案。」

師云：「知即得。」

部良久。師噓一聲。

部云：「文寶文寶。」

師云：「甚所在？」

部云：「不容專甲出氣，爭得嗔他道淹滯長老在此？」

師云：「是何言歟？」

部云：「實。」

師云：「也不得放過。」

部云：「請師一偈得否？」

師云：「不閑筆墨。」

部云：「請師口札。」

師遂述一偈云：「荒草勞尋徑，岩松迥布陰。幾多玄解客，失卻本來心。」

——宋．楚圓集：《汾陽無德禪師語錄》，《大正藏》第 47 冊，第 598～
599 頁。

134. 雲門餬餅趙州茶

倚遇上座來參，問：「庵主在麼？」

師〔註4〕曰：「誰？」

曰：「行腳僧。」

師曰：「作甚麼？」

曰：「禮拜庵主。」

師曰：「恰值庵主不在。」

曰：「你聻？」

師曰：「向道不在，說甚麼你我！」拽棒趁出。

遇次日再來，師又趁出。遇一日又來，問：「庵主在麼？」

師曰：「誰？」

曰：「行腳僧。」揭簾便入。

師攔胸扭住曰：「我這裡狼虎縱橫，尿床鬼子三回兩度來討甚麼？」

曰：「人言庵主親見汾陽來。」

師解衣抖擻曰：「你道我見汾陽有多少奇特？」

曰：「如何是庵中主？」

師曰：「入門須辨取。」

曰：「莫祇這便是麼？」

師曰：「賺卻幾多人！」

曰：「前言何在？」

師曰：「聽事不真，喚鍾作甕。」

曰：「萬法泯時全體現，君臣合處正中邪去也。」

師曰：「驢漢不會便休，亂統作麼？」

曰：「未審客來將何祇待？」

師曰：「雲門餬餅趙州茶。」

曰：「恁麼則謝師供養去也。」

師叱曰：「我這裡火種也未有，早言謝供養。」

——明·瞿汝稷：《指月錄》卷二十四，《卍續藏》第 83 冊，第 663 頁。

〔註 4〕南嶽芭蕉庵大道谷泉禪師。

135. 還茶錢了也

示眾：「今晚知浴到方丈請山僧說茶話，山僧只好舉個諸人都曉得的公案聊為分疏，以還茶錢。昔趙州住院，有僧參次，州云：『上座曾到這裡麼？』僧云：『不曾到。』州云：『吃茶去。』又有僧相見，州云：『上座曾到這裡麼？』僧云：『曾到。』州云：『吃茶去。』院主遂問：『為甚麼到與未到俱云吃茶去？』州喚院主，主應諾，州云：『吃茶去。』山僧看來，到與未到俱云吃茶去，豈真花枝有曲直，春色無高下！但院主才疑著，州復喚院主，莫是從空放下？莫是就窩打劫？具眼禪和不可草草，且院主才疑著。州又云『吃茶去』，分明陷虎機關在，未許傍人說是非。諸兄弟與山僧吼山共住，若也識得趙州心肝，始識得山僧面孔。不然，業識茫茫，因循度日。」復左右顧視云：「還茶錢了也。」

──清·行省：《虛舟省禪師語錄》卷二，《嘉興藏》第 33 冊，第 374 頁。

136. 多栽松柏少栽花，半種青篁半種茶

僧問：「如何是佛子住持？」

師云：「鄰舍高打牆，親戚遠來香。」

進云：「只如向上還有事也無？」

師云：「多栽松柏少栽花，半種青篁半種茶。」

進云：「請師別道。」

師云：「博求不如約守。」

──明·觀衡：《紫竹林顒愚衡和尚語錄》卷十，《嘉興藏》第 28 冊，第 712 頁。

137. 且坐吃茶

師問僧：「先行不到，末後太過。」僧擬提起坐具。師指云：「離卻坐具，作麼生道？」僧云：「和尚那裡得這消息來？」師便打。僧擬提坐具，師又打，云：「瞎漢。」僧擬議，師又打云：「且坐吃茶。」僧便坐。

師云：「什麼處來？」師[註5]云：「石霜。」師云：「怪得。」師問僧：「有一事借問上座，只是不得打老僧。」僧云：「著甚來由？」師提起坐具云：「爭奈這個何？」僧云：「莫亂做。」師便打。僧云：「莫亂做莫亂做。」師又

〔註 5〕原文為「師」，據文義，疑應為「僧」。

打云：「且坐吃茶。」僧云：「適來道著甚來由，和尚為什麼卻打某甲？」師云：「爾適來去什麼處來？」僧無語。師乃搥胸一下。師問僧：「昨日莊上已相見了也，今日人事又作麼生？」僧云：「合取狗口。」師云：「也是。」僧便打。師云：「老僧過在什麼處？」僧云：「再犯不容。」師卻云：「將謂是個漢。」師便打云：「參堂去。」

　　數人新到禮拜。師云：「總是浙里師僧。」僧云：「猢猻向火。」師云：「蹉跳作麼？」僧云：「今日得見和尚。」師云：「伏惟尚饗。」僧無語。師便打。

　　師在慈明會裏，一日提螺螄一籃遶院云：「賣螺螄。」令眾下語。皆不契。有一老宿揭簾見，以目顧視師，放身便臥。師放籃子便行。

　　師問僧：「什麼處來？」僧云：「堂中來。」師云：「聖僧道什麼？」僧近前不審。師云：「東家作驢西家作馬。」僧云：「過在什麼處？」師云：「萬里崖州。」

　　師問僧：「甚處來？」僧云：「殿寮裏來。」師云：「釋迦老子作何面孔？」僧便喝。師云：「作麼僧又喝？」僧又喝。〔註6〕師云：「恰是。」僧云：「一任蹉跳。」師便打。

　　一日新到，人事乃云：「請和尚相看。」師云：「不易道得，且坐吃茶。」泐潭專使禮拜乃云：「德華禮拜。」師云：「是個浙里師。」僧云：「不消如是。」師云：「猶是舊時氣息。」僧云喏。師云：「喏即且致別作麼？」僧良久云：「一任蹉跳。」師撫掌一下。

　　師一日不安，僧問訊次，乃云：「和尚近日尊位如何？」師云：「粥飯頭不了事。」僧無語。師鳴指一下。

　　王提刑問璉三生云：「某甲四十年為官，作麼脫得此塵去？」生無對。師代云：「一任蹉跳，又看上峰路。」璉云：「這個是上峰路。」提刑云：「寺在上頭那。」璉云是。提刑：「恁麼則不去也？」璉無語。師代云：「今日勘破。」

　　一日，璉三生至。師云：「寒風凜烈，紅葉飄空。祖室高流，朝離何處？」璉云：「齋後離南源。」師云：「腳跟下一句，作麼生道？」璉以坐具搣一搣。師云：「只者個？別有在。」璉作抽身勢。師云：「且坐吃茶。」

　　二人新到，師云：「春雨乍歇，泥水未乾。行腳高人，如何話道？」僧云：「昔時離古寺，今日睹師顏。」師云：「甚處念得者虛頭來？」僧云：「和尚幸

是大人。」師云：「腳跟下一句，作麼生道？」僧以坐具摵一摵。師云：「與麼則楊岐燒香供養去也。」僧云：「明眼人難瞞。」

師拈起坐具云：「第二行腳僧，喚者個作什麼？」僧云：「乍入叢林不會。」師云：「實頭人難得，且坐吃茶。」問僧：「落葉飄飄，朝離何處？」僧云：「齋後離南源。」師云：「腳跟下一句，作麼生道？」僧云：「愁人莫向愁人說。」師云：「楊岐專為舉揚諸方去也。」僧云：「是什麼心行？」師云：「不得楊岐讚歎。」僧擬議。師云：「且坐吃茶。」

一日，數人新到。相看，師云：「陣勢既圓，作家戰將，何不出來與雲蓋相見？」僧打一坐具。師云：「作家師僧。」僧又打一坐具。師云：「一坐具兩坐具，又作麼生？」僧擬議，師乃背面立。僧又打一坐具。師云：「爾道，雲蓋話頭在甚處？」僧云：「在者裏。」師云：「三十年後自悟去，在雲蓋在上座手裏？且坐吃茶。」師又問：「夏在甚處？」僧云：「神鼎。」師云：「早知上座神鼎來，更不敢借問。」

——宋·仁勇編：《楊岐方會和尚語錄》，《大正藏》第 47 冊，第 645～648 頁。

138. 遇茶吃茶不知是茶

除夜小參：「樹凋葉落，瓦解冰消。歲暮年窮，家殘戶破。以世諦觀之，是不稱意境界。以道眼觀之，卻是好個消息。豈不見香嚴道：『去年貧未是貧，今年貧始是貧。去年貧有卓錐之地，今年貧錐也無卓。』又有古德道：『富貴即易，貧窮即難。』本分人打得徹，信得及，見得透，物物頭頭俱為妙用，塵塵剎剎悉是真乘。若便恁麼歇去，敢保老兄未徹在，那堪更說漸說頓，說玄說妙，說理說事！卻須放卻玄妙，放卻理性，打破向上向下，截斷佛印祖機，直得東西不辨，南北不分，濛濛瞳瞳，遇飯吃飯不知是飯，遇茶吃茶不知是茶。到這裡，猶只得個衲僧門下潔白露淨底。是故洞山道：『見佛與祖是生冤家，始有參學分。』正當恁麼時，全體現成。佛界不收，魔界不管。且道向什麼處行履？若識得去，便成年窮歲盡相續不斷，相續不斷歲盡年窮。正當恁麼時一句作麼生道？今歲今宵盡，來年來日新。」

——宋·紹隆等編：《圓悟佛果禪師語錄》卷九，《大正藏》經第 47 冊，第 755 頁。

139. 單明向上一路，猶是尋常茶飯

師云：「一向據令而行，呵佛罵祖，截斷眾流，直得釋迦彌勒文殊普賢退身無路，臨濟德山趙州睦州目瞪口呿。千里萬里無片雲，擬議不來三十棒。恁麼舉唱，本色衲僧愈生光彩，後學初機無摸索處。一向垂慈落草，立問立答，存主存賓，有始有末。三玄戈甲中論諔訛，四種料簡裏別皂白，絲來線去照用雙行，各各腳跟下只推明一個大機，唯此一事，更無餘事。恁麼舉唱，後學初機通一線道，其奈取笑衲僧。恁麼中有不恁麼，不恁麼中有恁麼，權實雙運，照用並行。佛祖諔訛，離名絕相，不守窠窟，單明向上一路，猶是尋常茶飯。更或打翻許多露布，則上是天下是地，山是山水是水，僧是僧俗是俗，都無許多得失玄妙，又落在無事甲里。」

——宋・紹隆等編：《圓悟佛果禪師語錄》卷九，《大正藏》經第 47 冊，
第 755 頁。

140. 茶爐下是什麼

舉：王太傅入招慶煎茶。（作家相聚，須有奇特。等閒無事，大家著一隻眼，惹禍來也。）時朗上座與明招把銚，（一火弄泥團漢，不會煎茶，帶累別人。）朗翻卻茶銚。（事生也，果然。）

太傅見問上座：「茶爐下是什麼？」（果然禍事。）

朗云：「捧爐神。」（果然中他箭了也，不妨奇特。）

太傅云：「既是捧爐神，為什麼翻卻茶銚？」（何不與他本分草料，事生也。）

朗云：「仕官千日，失在一朝。」（錯指注是什麼語話，杜撰禪和如麻似粟。）

太傅拂袖便去。（灼然作家，許他具一隻眼。）

明招云：「朗上座吃卻招慶飯了，卻去江外，打野榸〔註7〕。」（更與三十棒，這獨眼龍只具一隻眼，也須是明眼人點破始得。）

朗云：「和尚作麼生？」（撈著，也好與一撈，終不作這般死郎當見解。）

招云：「非人得其便。」（果然只具一隻眼，道得一半，一手抬一手搦。）

雪竇云：「當時但踏倒茶爐。」（爭奈賊過後張弓。雖然如是，也未稱德山門下客，一等是潑郎潑賴，就中奇特。）

〔註 7〕榸，椿皆切，指枯木根。

欲知佛性義，當觀時節因緣。王太傅知泉州，久參招慶。一日因入寺，時朗上座煎茶次，翻卻茶銚。太傅也是個作家，才見他翻卻茶銚，便問上座：「茶爐下是什麼？」朗云：「捧爐神。」不妨言中有響。爭奈首尾相違，失卻宗旨，傷鋒犯手。不惟辜負自己，亦且觸忤他人。這個雖是無得失底事，若拈起來，依舊有親疏有皂白。若論此事，不在言句上，卻要向言句上辨個活處。所以道，他參活句，不參死句。據朗上座恁麼道，如狂狗逐塊，太傅拂袖便去，似不肯他。明招云：「朗上座吃卻招慶飯了，卻去江外打野㯔。」野㯔即是荒野中火燒底木橛，謂之野㯔。用明朗上座不向正處行，卻向外邊走。朗拶云：「和尚又作麼生？」招云：「非人得其便。」明招自然，有出身處，亦不辜負他所問。所以道，俊狗咬人不露牙。

為山哲和尚云：「王太傅大似相如奪璧，值得鬚鬢衝冠，蓋明招忍俊不禁，難逢其便。大溈若作朗上座，見他太傅拂袖便行，放下茶銚，呵呵大笑。」何故？見之不取，千載難逢。不見寶壽問胡釘鉸云：「久聞胡釘鉸，莫便是否？」胡云：「是。」壽云：「還釘得虛空麼？」胡云：「請師打破將來。」壽便打，胡不肯。壽云：「異日自有多口阿師，為爾點破在。」胡後見趙州，舉似前話。州云：「爾因什麼被他打？」胡云：「不知過在什麼處？」州云：「只這一縫，尚不奈何，更教他打破虛空來。」胡便休去。州代云：「且釘這一縫。」胡於是有省。

——宋·圓悟克勤：《佛果圓悟禪師碧巖錄》卷五，《大正藏》第 48 冊，第 148 頁。

141. 無位真人與非無位真人，相去多少

上堂，舉雪峰岩頭欽山往河北，禮拜臨際。路逢定上座，峰云：「臨際和尚健否？」

定云：「已遷化了。」

雪峰岩頭相顧太息。復問：「尋常有何言句示徒？」

定云：「赤肉團上有一無位真人，常在諸人面門出入。未證據者看看。」

欽云：「何不道非無位真人？」

定擒住云：「無位真人與非無位真人，相去多少？速道速道。」

欽山色動不能對。雪峰岩頭勸解。

定云：「若不看者兩個老凍膿面，堊殺爾者尿床鬼子。」

師云：「定上座雖則對物收稅，爭奈雪峰岩頭何！有人緇素得出，換盞點茶供養爾。」

——元·妙源編：《虛堂和尚語錄》卷一，《大正藏》第 47 冊，第 987 頁。

142. 與你一椀茶吃

雪竇住翠峰時，有數僧到。師曰：「新到那僧。」

曰：「是。」

師曰：「參堂去。」

僧才行，師復喚曰：「來來。」

僧回首，師曰：「洞庭難得師僧到，與你一椀茶吃。」

頌曰：「入門句子已先酬，喚去呼來第二頭。到此不知茶味者，紛紛空買洞庭舟。」（虛堂愚）

——宋·法應、普會集：《禪宗頌古聯珠通集》卷十九，《中華藏》第 78 冊，第 834 頁。

143. 黃檗來

師行腳，時到龍光，光上堂，師出，問云：「不展鋒鋩如何得勝？」光據坐。師云：「大善知識豈無方便？」光瞪目，云：「嘎。」師以手指云：「這老漢今日敗闕也。」

到三峰，平和尚問曰：「什麼處來？」師云：「黃檗來。」平云：「黃檗有何言句？」師云：「金牛昨夜遭塗炭，直至如今不見蹤。」平云：「金風吹玉管，那個是知音？」師云：「直透萬重關，不住清霄內。」平云：「子這一問太高生。」師云：「龍生金鳳子，衝破碧琉璃。」平云：「且坐，吃茶。」又問：「近離甚處？」師云：「龍光。」平云：「龍光近日如何？」師便出去。

到大慈，慈在方丈內坐。師問：「端居丈室時如何？」慈云：「寒松一色千年別，野老拈花萬國春。」師云：「今古永超圓智體，三山鎖斷萬重關。」慈便喝，師亦喝。慈云：「作麼？」師拂袖便出。

到襄州華嚴，嚴倚挂杖作睡勢。師云：「老和尚瞌睡作麼？」嚴云：「作家禪客，宛爾不同。」師云：「侍者點茶來與和尚吃。」嚴乃喚維那：「第三位安排這上座。」

到翠峰，峰問：「甚處來？」師云：「黃蘗來。」峰云：「黃蘗有何言句指示於人？」師云：「黃蘗無言句。」峰云：「為什麼無？」師云：「設有，亦無舉處。」峰云：「但舉看。」師云：「一箭過西天。」

到象田，師問：「不凡不聖，請師速道。」田云：「老僧祇與麼？」師便喝，云：「許多禿子在這裡覓什麼椀？」

——唐·慧然集：《鎮州臨濟慧照禪師語錄》，《大正藏》第 47 冊，第 506 頁。

144. 茶又吃了也

示眾云：「西天二十八祖，唐土六祖，天下老和尚，總出頭來，過在什麼處？」

又云：「爾在此間三冬兩夏，忽然出外，有人問雲門老和尚道什麼，爾向他道什麼？」（代云：「驀面唾這野狐精。」代前語云：「他不是顛。」）

或云：「古人道『從門入者非寶』，作麼生是門？」（代云：「道得也無用處。」）

因聞鼓聲云：「鼓聲咬破七條。」又指僧云：「抱取貓兒來。」（代云：「不用別人。」）

師問僧：「行腳事即不問汝，三十二相八十種好道將一句來。還有人道得麼？」（代云：「怛薩阿竭二千年。」）

師或云：「不問汝叢林言教，這個是天這個是地？」以手指身云：「這個是我。」又指露柱云：「這個是露柱。那個是佛法？」（代云：「也大難。」）

師在僧堂中吃茶，拈起託子云：「蒸餅饅頭一任汝吃，爾道這個是什麼？」（代云：「乾狗屎。」又云：「茶又吃了也。」）

師或云：「爾還識德山麼？莫道我壓良為賤？」（代云：「也知和尚因某甲置得。」）

師聞齋鼓聲云：「爾道鼓因什麼置得？」（代云：「因皮置得。」）

師聞齋鼓聲云：「爾還識得老婆禪麼？」（代云：「鼓聲喚吃飯去。」）

一日云：「古人道：巧拙具生殺，作麼生是生殺？」（代云：「足上不足，足下有餘。」）

——宋·守堅集，宗演校勘：《雲門匡真禪師廣錄》卷中，《大正藏》第 47 冊，第 565 頁。

145. 摘茶辛苦，置將一問來

上堂，大眾集定，云：「風不來樹不動。」便下座。（代云：「樹折船沈。」）

或云：「第一句作麼生道？若道不得，作麼生得心息？」（代云：「和尚莫要草鞋拄杖麼？」）

一日云：「從上古人作麼生辨人？」（代云：「城地因君置。」）

師因摘茶云：「摘茶辛苦，置將一問來。」（無對。）

又云：「爾若道不得，且念上大人。更不相當，且順朱〔註8〕。」（代云：「功不浪施。」代前語云：「勞而無功。」）

或云：「今日二十七，拈向什麼處？」（代云：「壁上掛。」）

問僧：「三乘十二分教，什麼人承當得？」（代云：「沙彌童行。」）

一日云：「汝作麼生辨得無礙法？」（代云：「閒家具。」）

或云：「還有句內藏身麼？」（代云：「領。」）

一日云：「京華還有棟樑也無？」（代云：「家家觀世音。」）

或云：「不相當，且順朱識取好。」（代云：「因學人置得。」）

——宋・守堅集，宗演校勘：《雲門匡真禪師廣錄》卷中，《大正藏》第47冊，第562頁。

146. 閉口

舉：趙州問僧：「什麼處去？」僧云：「摘茶去。」師云：「閉口。」〔註9〕

舉法身說法：「青青翠竹盡是法身，未是提綱拈掇時節。」

——宋・守堅集，宗演校勘：《雲門匡真禪師廣錄》卷中，《大正藏》第47冊，第557頁。

147. 茶作麼生滋味

師因吃茶次，云：「茶作麼生滋味？」

僧云：「請和尚鑒。」

〔註8〕朱：舊時孩童描紅朱字。「順朱」意即順著常識性的、已知的、簡易的地方往下理解。

〔註9〕此處「閉口」，在禪宗其餘數種文獻中有記為「閑」「閑口」「閒」等情況，甚是混亂。經綜合考析，「閑」的表述要更為符合本義。不過，從禪茶角度看，「閉口」卻有不一樣的意趣，也可作為另一則公案，故據原文錄為「閉口」。正所謂將錯就錯，意外得之。

師云：「缽盂無底尋常事，面上無鼻笑殺人。」

無對。

師云：「趁隊噇飯漢。」（代云：「祇守是」。又代以茶便潑。又云：「且待某甲點一椀茶。」）

師問僧：「甚處過夏？」

僧云：「和尚合知。」

師云：「我即知。」

僧云：「且道某甲甚處過夏？」

師云：「不消一札。」（代云：「更不消也。」）

問僧：「看什麼經？」

僧應喏。

師云：「因什失卻？」

僧云：「某甲甚處失卻？」

師云：「自領出去。」

——宋·守堅集，宗演校勘：《雲門匡真禪師廣錄》卷中，《大正藏》第47冊，第567頁。

148. 更勸一甌茶

因吃茶次，問僧：「爾是柴頭不？」

僧云：「是。」

師云：「更勸一甌茶。」（代云：「辛苦受盡。」又云：「功不浪施。」又云：「和尚念某甲辛苦。」）

問僧：「爾是園頭不？」

僧云：「是。」

師云：「蘿蔔為什麼不生根？」

無對。（代云：「雨水多。」又云：「不解悅豫使人。」）

問僧：「爾是甚人？」

僧云：「知客。」

師云：「客來將何祇〔註10〕待？」

〔註10〕祇〔zhī〕：表示恭敬。

僧云：「隨家豐儉。」

師云：「這個是瓦椀竹箸，客來將何祇待？」

僧云：「謝和尚慈悲。」

師云：「鰕跳不出斗。」

無對。

師云：「爾問我。」

僧便問：「將何祇待？」

師便打。（代：初問處，便打。又云：「一盤飯兩椀茶。」又云：「貪觀天上月。」）

  ——宋・守堅集，宗演校勘：《雲門匡真禪師廣錄》卷中，《大正藏》第
   47 冊，第 568 頁。

149. 吃茶三參

師入京朝覲歸，至大橋，山門煎茶迎師。師吃茶果次，僧侍立。師語三參隨僧云：「是爾京中無可吃。」乃拈一楪果子與一僧，其僧接得便去。

又語一僧云：「我不與爾。」

僧無對。

師云：「那裡也有也。」

其僧又無對。

別有僧出云：「某甲今日也隨和尚來，請一分得麼？」

師云：「嗄。」

僧云：「某甲罪過，觸忤和尚。」

師云：「我不能唾得爾。」

無對。

  ——宋・守堅集，宗演校勘：《雲門匡真禪師廣錄》卷中，《大正藏》第
   47 冊，第 571 頁。

150. 爾若煎茶，我有個報答爾處

師因見僧量米，乃問：「籮裏多少達磨？」

無對。

師云：「爾問我。」

僧便問。

師云：「斗量不盡。」

代云：「因一事長一智。」又代：趯卻米籮便行。

因園頭請師吃茶，師云：「爾若煎茶，我有個報答爾處。」

無對。

師云：「汝問我，與汝道。」

園頭云：「請師報答。」

師云：「多著水，少著米。」

代云：「得人一牛，還人一馬。」又云：「金字茶六百錢一斤。」

師因齋次，拈起蒸餅云：「我這個祇供養向北人，是爾諸人總不得。」

時有僧問：「某甲為什麼不得？」

師云：「鈍置殺人。」

——宋‧守堅集，宗演校勘：《雲門匡真禪師廣錄》卷中，《大正藏》第 47 冊，第 571 頁。

151. 靜處薩婆訶

師因吃茶次，問僧：「曹溪路上還有俗談也無？」

僧云：「請和尚吃茶。」

師云：「靜處薩婆訶。」

師問僧：「餬餅是什麼人做？」

僧拈起餬餅。

師云：「這個且放一邊，長連床上學得來。餅餅是甚人做？」

僧云：「和尚莫瞞某甲好。」

師云：「這虛頭漢。」

師行次，一僧隨後行。師豎起拳云：「如許大栗子，吃得幾個？」

僧云：「和尚莫錯。」

師云：「是爾錯。」

僧云：「莫壓良為賤。」

師云：「靜處薩婆訶。」

——宋‧守堅集，宗演校勘：《雲門匡真禪師廣錄》卷中，《大正藏》第 47 冊，第 566 頁。

152. 喚去茶堂內吃茶

　　有南雄僧，上白氈一段。師云：「汝道我向什麼處著？」

　　僧無語。（師代云：「拄杖頭上。」）

　　師卻問傍僧：「爾在南雄時識此僧麼？」

　　僧云：「識。」

　　師云：「喚去茶堂內吃茶。」

　　師問僧：「不占田地句，作麼生道？」

　　僧云：「不會。」

　　師云：「不會且作韶州客。」

　　師問僧：「吃得幾個餬餅。」

　　僧云：「忘卻。」

　　師云：「吃了忘卻？未吃忘卻？」

　　僧云：「忘卻說什麼吃與未吃。」

　　師云：「是爾忘卻甚處得來。」

　　師問僧：「爾從向北來，還曾遊臺麼？」

　　僧云：「是。」

　　師云：「關西湖南還曾見長嘴鳥說禪麼？」

　　僧云：「不見。」

　　師拈起拄杖，以口作吹勢引聲云：「禪禪。」

　　——宋·守堅集，宗演校勘：《雲門匡真禪師廣錄》卷中，《大正藏》第
　　　　47 冊，第 573 頁。

153. 香嚴點茶來

　　溈山睡次，仰山問訊，師便面嚮壁。

　　仰曰：「和尚何得如此？」

　　師起曰：「我適來得一夢，汝試為我原看。」

　　仰取一盆水與師洗面。

　　少頃，香嚴亦問訊。師曰：「我適來得一夢，寂子原了，汝更與我原看。」

　　嚴乃點一盌茶來。

　　師曰：「二子見解過於鶖子。」

　　附拈古：

蔣山勤云:「夢中說夢,深許溈山。妙用神通,須還二子。傳茶度水,耀古騰今。年老心孤,憐兒惜子。向衲僧門下,一人在門外,一人在門裏,更有一人遍界不曾藏,佛眼覷不見。」

南堂靜:「撥草瞻風,孤峰獨宿。鼓無弦琴,唱無生曲。溈仰香嚴,鼎之三足。臨機不費纖毫力,任運分身百千億。」

本覺一:「取水烹茶不失機,當時原夢善知時。如斯始謂仙陀客,鶖子神通豈及伊。」

雪巖欽:「一杯晴雪早茶香,午睡初醒春晝長。拶著通身俱是眼,半窗疎影轉斜陽。」

——清·集雲堂編:《宗鑑法林》卷三十九,《卍續藏》第 66 冊,第 513 頁。

154. 過在目連鶖子

溈山一日臥次,仰山來,溈乃轉面嚮壁臥。

仰云:「某甲是和尚弟子,不用形跡。」

溈作起勢,仰便出。溈召云:「寂子。」

仰回。溈云:「聽老僧說個夢。」

仰低頭作聽勢。溈云:「為我原看。」

仰取一盆水、一條手巾。溈洗卻面,才坐,香嚴入來。溈云:「我適來與寂子作一上神通,不同小小。」

嚴云:「某甲在下面,了了知得。」

溈云:「子試道看。」

香嚴乃點一椀茶來。

溈云:「二子智慧神通,過於鶖子目連。」

師〔註11〕拈云:「溈山源脈,到五代時浸微。且道,因甚如此?」

卓拄杖:「過在目連鶖子。」

——元·妙源編:《虛堂和尚語錄》卷九,《大正藏》第 47 冊,第 1051 頁。

155. 元來也有人知滋味

上堂,僧問:「一代時教是個切腳,未審切那個字?」

師云:「鉢囉穰。」

〔註11〕虛堂智愚和尚。

學云：「學人祇問一字，為什麼卻答許多？」

師云：「七字八字。」

學云：「也是慣得其便。」

師云：「許多時茶飯，元來也有人知滋味。」

乃云：「祖師心印，好消息處無消息。無消息，古篆分明，拈起也大千岌嶪，放下也凡聖同源。有時印卻諸人面門，自是諸人甘伏，不肯承當，帶累白雲受屈。且道過在什麼處？」

　　——宋·賾藏：《古尊宿語錄》，《卍續藏》第 68 冊，第 140 頁。

156. 如何是佛

僧問歸宗：「如何是佛？」

宗云：「我向爾道，還信麼？」

云：「和尚言重，爭得不信。」

宗云：「只汝便是。」

別云：「侍者寮裏吃茶去。」

　　——宋·惟蓋竺編：《明覺禪師語錄》，《大正藏》第 47 冊，第 696 頁。

157. 黃梅意旨甚麼人得

上堂舉，僧問六祖：「黃梅意旨甚麼人得？」

祖云：「會佛法人得。」

僧云：「和尚還得否？」

祖云：「我不得。」

僧云：「和尚為甚麼不得？」

祖云：「我不會佛法。」

師召大眾云：「還見祖師麼？若也不見，徑山為爾指出。蕉芭蕉芭，有葉無丫，忽然一陣狂風起，恰似東京大相國寺裏，三十六院，東廊下，北角頭，王和尚，破袈裟。畢竟如何？歸堂吃茶。」

　　——宋·蘊聞編：《大慧普覺禪師語錄》卷四，《大正藏》第 47 冊，第 827 頁。

158. 跛驢蹭倒摘茶輪

示眾，拈拄杖卓一下云：「細不通風，大通車馬。突出當陽，孰辨真假。虛空有把柄，無手人能把。跛驢蹭倒摘茶輪，草庵卸下瑠璃瓦。」又卓一下。

——宋·蘊聞編：《大慧普覺禪師語錄》，《大正藏》第 47 冊，第 838 頁。

159. 且從容吃些茶水，是你忙不得的

吾師名深有，字無念，別號西影，楚黃麻邑人也。父熊，母黃氏，生於嘉靖甲辰二月十七，五歲失怙，寡母甘貧無倚。年十有六，因患痘垂絕，兄與叔父議許出家，乃蘇比愈送游蕩山祝髮。三載，偶一日有一方僧至，師殷勤恭敬。方僧曰：「你既出家，當為修行。生死事大，若不修行必墮輪迴。」師問曰：「如何是輪迴？」僧曰：「十方一粒米，重如須彌山。若還不了道，披毛戴角還。」師悚然曰：「如何免得輪迴？」僧曰：「雲遊四海，參求善知識。指明心地，方得解脫。」師問曰：「那裡有善知識？」僧曰：「伏牛五臺。」

師聞此說，密走出外，欲往伏牛，不知去處。遇一僧引至徐州七尖峰，彼有知識，號大休師。至，休已示寂，因問一禪僧當時有何言句開示往來。僧曰：「昔有一僧從峨嵋來，為道甚切，一到要見。休正在茄園架瓜，僧至園中問：『如何是西來意？』休指茄曰：『黃瓜茄子。』僧不契，再問。休曰：『莫勞道，黃瓜茄子。』僧終不契，下山別參一禪師。禪師曰：『你從何處來？』僧曰：『尖峰來。』曰：『大休有何言句？』僧舉前話，禪師合掌曰：『真大慈悲吾師。』」

聞舉惘然，曰：「彼問西來意如何？便答黃瓜茄子？」禪師曰：「你問他去。」師終日迷悶，不得明瞭，往伏牛又問一禪師。禪師曰：「你自參會好。」

復往北京問諸名宿，皆不肯說。嘉靖丙寅，登壇受戒後，疑情結滯胸中成痞。復往五臺，遍問明師。詣東臺參秋月，月曰：「你就是善知識。」師又問黃瓜茄子。月曰：「且放下，在此過夏聽《楞嚴經》。」師住月餘，雖日聽經，與此事大不相干，早晚又求問。月曰：「在此住有日，自然明白。」

師下山，又問一僧，號無窮，窮曰：「古人求道，二三十年受盡百般辛苦方得明白，你不曾受一些辛苦，如何就得明白！」師問曰：「如何苦修便得？」窮曰：「立禪不睡，打七煉魔，吃麩咽菜，跪門乞食，年深月久，習氣磨盡，自然明白。」師依此行，跪門乞食，不顧形命，遍參江浙名宿，復欲往終南。至襄陽，遇一僧曰：「不必往終南，古來名宿出於伏牛，此山號

為隱山，龍象皆萃於此。」師即與同到伏牛。至，掃帚漫，入場打七。正昏沉中，有一名宿號雲外，入堂小參曰：「咬定牙關緊捏拳，話頭常舉在目前。十年不明西來意，老僧替你下黃泉。」正中師病。待一七醒，至靜室中叩問西來意，求之再三。外曰：「我住此山四十餘年，只得個輕安寂靜，實未識西來意。」師問：「如何是輕安？」外曰：「我昔會十二眾立志參禪，不明心不休，三年後各人散去，我心未止，在七房內打七，昏沉如山，渾身不能轉動，堂頭和尚曰：『你上山拖柴，遣開昏沉便罷，若不得開，我辦下一裍攬竿替你打散這魔王。』我便上山去拖柴，腳手都移不動，走到半山，至一大石下，自曰：『我這一回至少有三百攬竿，不如死在石下。』一頭撞去，恰似有人以掌托住，渾身如萬繩解脫，腳似登雲。回來和尚曰：『你今日山中得了好事。』自此已後，再無昏沉。」

師便辭出，到堂中打七。待期滿，復往五臺。路逢一僧，號寶珍，見師苦甚，謂曰：「我師是善知識，號古清師。」問：「既是善知識，有何教誨？」珍曰：「昔有一僧號無盡，事我師三載，求道甚切，先師問盡：『你吃我三年飯，如何不還我飯錢？』盡曰：『我不昧心。』先師曰：『那個是你心？』盡茫然而出。至飯後叫無盡：『如何不送飯錢來？』盡曰：『我不曉得那個是心？』先師怒，罰佛前頭頂一磚跪至晚，飲食湯水都忘吃，渾身汗流。跪至更深，眾曰：『你且放下磚，待老師起來再頂。』盡曰：『你各人去睡，莫管我，騙了老師飯吃，若不知心，跪到明年。』跪至五更，聞雞鼓翅而鳴，拋下磚擊門喊曰：『接飯錢。』先師曰：『如是如是。』」

師問曰：「當時送個甚麼還飯錢？」珍曰：「你去問他。」師曰：「他在那裡？」珍曰：「他往終南去了。」師又加一重疑，同到五臺。大小靜室無處不到，一一請問。對曰：「他心不與你相干。」復至北京參遍融師，未開口被他一喝唬得膽裂心驚。復往山東，見一禪師姓孔，禪師曰：「我四十人辛苦方得此事，你的疑我替你了不得，除非自了始得。」復往伏牛，打七到第四七中，猛然得個輕安，方曉得雲外言語真實不虛。雖然，只是疑情不散。又問一禪師，禪師曰：「禪難明白，不如念佛求生西方容易，仗阿彌陀佛威力慈光攝受，臨命終時生於彼國，花開見佛，豈不快哉！」

師依此語，回至麻城，結庵於丫杵山，閉門禁足，晝夜六時專求往生。雖然終日念佛，心中疑滯不散。待三年畢，又復遍參江浙，轉至廬山，會大安禪師。安問曰：「汝號甚麼？」師曰：「無念。」安曰：「那個是無念？」師茫

然無對。傍有一僧跪求開示。安曰：「起來轉一轉。」僧便轉。安曰：「誰叫你轉？」僧曰：「老爺叫我轉。」安一喝。師正不識無念，又被這一喝，憂悶下山，至舟中大病，飲食都不下。自歎曰：「無念自不識，枉做人在世上。」友朋勸曰：「且從容吃些茶水，是你忙不得的。」

復回本山，正憂悶中，有二人至，請師誦經，師辭曰：「我不會誦經。」三辭不獲免，後至經堂，會幾友夜坐敘數年行腳。友人曰：「何不問你自家？」師曰：「如何是自家？」對曰：「拿物非手，吃飯非口。」師聽說，每朝吃飯時不覺失手，碗在卓上分明是，手口如何不是？行住坐臥，恍惚如夢，忽然夜中有哭笑二聲相觸，猛然開悟，喜倒臥床。睡至五更，友人至榻前問：「你昨夜見個甚麼？」師又茫然無對。昨夜歡喜，驚散十分，又轉生煩惱，不覺大病，不進飲食。主人請醫下藥，師曰：「我十分精神，想失八九。」醫曰：「也只勞神太過，心火逼急，兩眼皆腫。」師自歎曰：「今年若不識無念，自縊而死。」友人曰：「你有此志，今年必得。」

五月餘，身未沾席，食未充飽，終日如夢。一日從榻坐起，出門偶見面一盆在當路，掇起送至匱中。見有果籠，將手推開，不覺失手，匱蓋打頭，渾身汗流，撫掌笑曰：「遍大地是個無念，何疑之有？」從前疑滯一齊看破。友人問曰：「你見個甚麼？」師曰：「親見你我。」才得個逍遙自在。

己卯，石潭居士延住龍湖。辛巳，卓吾居士來訪。夜坐問曰：「你見處說說看。」師從始至終一一吐露。居士曰：「你且放下。」師心下沒有理會。同住四十餘日，邀過黃安居士請眾友會，每日交談你只放下。師曰：「我沒有甚麼放下得。」住月餘回龍湖，看潙訛公案不省，漸漸有疑，請問石潭居士，居士曰：「你還要看經。」師曰：「我不識字，不知看甚麼經？」居士曰：「看《維摩經》，《楞嚴經》雖好，你看不得。」師曰：「如何看不得？」居士曰：「此是最上一乘的文章，我也理會不來。」師聽說，如箭入心：「他把我做那樣的人看？」回到龍湖就看《楞嚴》。看到知見立知即無明本，忽然疑病又發，四五年的歡喜全然失散，疾往黃安居士。一見問曰：「工夫何如？」師曰：「我有一疑。」居士曰：「疑個甚麼？」師曰：「知見立知。」居士正色曰：「這個不是你知見。」師又不契。居士邀眾友到馹馬山會，有講僧至，同會夜坐，居士問曰：「清淨本然云何忽生山河大地？」法師講罷，居士曰：「無念你說看。」師將開口，居士將師膝上一推，曰：「這個聻？」師忽猛省。

歸至龍湖，靜坐數日，平生所得的杳無蹤跡。從此以後，疑惑淨盡。不遇本色宗匠惡辣鉗錘，墮在識見海中，鼓腹搖唇以為自得，擔閣數年，愧感鄧公相信之極。設盡計較欲剿他識見，不知自己腳跟未穩，先喪己命。忽省十地菩薩夢見眾生身墮大河，欲救度，故起勇猛心，發大精進。驀地猛省，人法兩空，始得入門，全無干涉，從今而後，只是舊時人，不做舊時夢。偈曰：「四十餘年不住功，窮來窮去轉無蹤。而今窮到無依倚，始悔從前錯用功。」

　　——明·深有：《黃檗無念禪師復問》卷六，《嘉興藏》第 20 冊，第 526～527 頁。

160. 因甚麼茶堂裏捧茶神

圓戒小參：「戒定慧圓明猶如纓絡珠，靈光常透脫，任運遍寰區，迥絕諸塵象，破生死昏衢。所謂衲僧家，個個頭戴天腳踏地，因甚麼茶堂裏捧茶神，十個有五雙茫然不知，往往蹉過。若識得安身立命處，殺佛殺祖也是戒，喜怒哀樂也是戒，惡口罵詈也是戒，無戒不圓，無行不備。雖然如是，更有一人終日吃官酒臥官街，當處死當處埋，且道他還受戒也無？」良久云：「參。」

　　——清·寂空：《明覺聰禪師語錄》卷十一，《乾隆藏》第 158 冊，第 158 頁。

161. 從上古錐各逞伎倆

圓茶法藏寺，上堂：「念念真誠，豈惟感動天地！法法無差，方堪奉獻佛乘！何故？念若不誠，全成虛偽；法若有差，即同穢朽，焉能契合佛乘，洞達天地？即今本邑縉紳文學及現前四眾人等，久發誠心，各捐金帛，共結三緣。若非真實道心，安能廣設妙供，自能邀動天神，故乃祥臨瑞降？所以從上古錐各逞伎倆，趙州老漢烹一甌茶普潤枯渴，金牛老子煮一粒米廣濟饑虛。此皆圓證，本有靈明，故能觸處隨緣得妙。要知不從外得，總屬自己家珍。眾中還有知這二大老用處者麼？若也知伊用處，則知今日之設匪惟祇結三緣，盡十方界普同供養。其或未然，更聽山僧一偈：『偉儀仙子下雲端，手把紅羅扇遮面。直須著眼看仙人，莫看仙人手中扇。』且道即今仙人在甚麼處？」喝一喝，卓拄杖，下座。

　　——明·行謐說，清·超巨、超秀等編：《二隱謐禪師語錄》卷四，《嘉興藏》第 28 冊，第 487 頁。

162. 只這躲避不得處，便是工夫了也

自得山野向來書之後，每遇鬧中躲避不得處，常自點檢，而未有著力工夫。只這躲避不得處，便是工夫了也。若更著力點檢，則又卻遠矣。

昔魏府老華嚴云：「佛法在日用處，行住坐臥處，吃茶吃飯處，語言相問處，所作所為處。舉心動念，又卻不是也。」正當躲避不得處，切忌起心動念作點檢想。

祖師云：「分別不生，虛明自照。」

又龐居士云：「日用事無別，唯吾自偶諧。頭頭非取捨，處處勿張乖。朱紫誰為號，丘山絕點埃。神通並妙用，運水及搬柴。」

又先聖云：「但有心分別計較，自心見量者，悉皆是夢。」切記取。

躲避不得時，不得更擬心。不擬心時一切現成，亦不用理會利，亦不用理會鈍，總不干他利鈍之事，亦不干他靜亂之事。正當躲避不得時，忽然打失布袋，不覺拊掌大笑矣。記取記取。此事若用一毫毛工夫取證，則如人以手撮摩虛空，只益自勞耳。應接時但應接，要得靜坐但靜坐，坐時不得執著坐底為究竟。今時邪師輩，多以默照靜坐為究竟法，疑誤後昆。山野不怕結怨，力詆之。以報佛恩，救末法之弊也。

——宋·蘊聞編：《大慧普覺禪師語錄》，《大正藏》第 47 冊，第 923 頁。

163. 大隨茶，非類趙州茶

舉僧辭大隨。

隨問：「什麼處去？」

僧云：「峨眉禮普賢去。」

隨豎起拂子云：「文殊普賢祇在這裡。」

僧畫一圓相拋向背後。

隨云：「侍者將一貼茶與這僧。」

師云：「識法者懼，欺敵者亡。水中擇乳，須是鵝王。」

——宋·行從集：《宏智禪師廣錄》卷三，《大正藏》第 48 冊，第 33 頁。

又，《教外列傳》載：

（大隨）問僧：「甚處去？」

曰：「峨嵋禮普賢去。」

師舉拂子曰：「文殊普賢，總在這裡。」

僧作圓相拋向後，乃禮拜。師喚侍者：「取一貼茶與這僧。」

（保福展云：「若無後語，笑他衲僧。」雲門偃別云：「西天斬頭截臂，這裡自領出去。」五祖戒云：「大隨不因一事，不長一智。」雪竇顯云：「殺人刀，活人劍，具眼底辨取。」溈山秀云：「大隨茶，非類趙州茶。既不類趙州茶，得之者少矣。這僧得之，且有甚長處？然不義之財，於我如浮雲。」天童覺云：「識法者懼，欺敵者亡。水中辨乳，須是鵝王。」）

　　——明・黎眉：《教外別傳》卷六，《卍續藏》第 84 冊，第 223 頁。

164. 澆此一杯穀雨茶

芝穎大師忌，無門師設供請於塔前，拈香：「翠屏背面千秋綠，恰將老人衣塔藏靈骨。今日芝公死也生，無門逼汝伸雙足。師一笑，友一哭，旁有嚴庵鼓一曲。誰知碗躂丘，迸碎蒼龍窟。大眾，澆此一杯穀雨茶，看見芝公為人漱口麼？」

　　——明・愚者（方以智）：《青原愚者智禪師語錄》卷三，《嘉興藏》第 34
　　　　冊，第 835 頁。

165. 將聞持佛，佛何不自聞

桂庭居士設茶，請示眾。

（象田禪師云：）「靜夜霜鴻天外過，圓通筵上幾禪和。聲消聞脫渾無際，誰謂觀音在普陀。大眾要知，普門品人人具有。所以道，應以佛身得度者，即現佛身而為說法。應以菩薩身得度者，即現菩薩身而為說法。應以居士等身得度者，即現居士等身而為說法。雖則現身可知，且道法如何說？即如雞鳴清曉，犬吠黃昏。事存函蓋，理應箭鋒。又如磬出雲衢，歌來漁浦。醒迷途之幽夢，啟靜慮之玄門。妙在渾忘管帶，不立功勳。所以道：『將聞持佛，佛何不自聞？聞蓋聞理，既妙見性亦玄然。』理固如是，且道事作麼生？祇如今夜桂庭居士聞此象田安般若期，特特入山設茶供眾，又合將何酬他則是。」

良久云：「即此見聞非見聞，無餘聲色可呈君。」

　　——明・淨癡、本致輯錄：《象田即念禪師語錄》，《嘉興藏》第 27 冊，
　　　　第 160 頁。

166. 如意之法，如優曇花

解制夜道興師設茶，請示眾。

乾峰道：「舉一不得，舉二放過，一著落在第二。」

雲門出眾云：「昨日有僧天台來，今日卻往徑山去。」

師云：「山僧則不然。」

驀舉如意云：「大眾會麼？如意之法，如優曇花，時一現耳。向這裡薦得，則知舉一，其或未然，則落二去也。今夜道興師設茶，請說解制意。若論解制，則須上大人丘乙己一一從頭起。今冬一期，乃虧了如意拂子說法也，是如意拂子答話也。是如意拂子，有時問如意答如意，問拂子答拂子，有時問如意不答如意，問拂子不答拂子，有時問如意答拂子，問拂子答如意，有時總不恁麼。所謂回互不回互，回而更相和，不爾依位住。大眾，若知得如意的落處，則知拂子落處。若知拂子落處，則知如意落處。知麼？堂裏也如意，堂外也如意。及施主來設茶辦齋，悉皆得如意。既皆得如意，為甚麼如意卻在山僧手裏？」

良久，放下如意云：「如意則且置，如何是解制一句？有麼？請出來道看。如無，自道去也。」便歸方丈。

——明·淨癡、本致輯錄：《象田即念禪師語錄》，《嘉興藏》第 27 冊，第 161 頁。

167. 廓侍過茶

示眾云：「探竿在手，影草隨身。有時鐵裏綿團，有時錦包特石。以剛決柔則故是，逢強即弱事如何？」

舉，廓侍者問德山：「從上諸聖向什麼處去也？」（在爾鼻孔裏。）

山云：「作麼作麼？」（迅雷不及掩耳。）

廓云：「勅點飛龍馬，跛鱉出頭來。」（家富兒嬌。）

山便休去。（饒人不是癡。）來日山浴出，廓過茶與山，山撫廓背一下，（斷送上竿頭。）廓云：「這老漢方始瞥地。」（覆車同轍。）山又休去。（虎頭虎尾一時收。）

——宋·離知、性一錄校：《萬松老人評唱天童覺和尚頌古從容庵錄》卷一，《大正藏》第 48 冊，第 253 頁。

168. 於世相一筆盡勾

蓮池袾宏，字佛慧，仁和沈氏子，父號明齋，母周氏。師生而穎異，試屢冠諸生，於科第猶掇之也，顧志在出世。几案間，輒書生死事大以自警。一日閱《慧燈集》，失手碎茶甌，有省。乃視妻子為鶴臭布衫，於世相一筆盡勾。作歌寄意，棄而專事佛，雖學使者力挽之，不回也。

　　　　——明・明河：《補續高僧傳》卷五，《卍續藏》第 77 冊，第 401 頁。

169. 點一杯苦茶來

維那問：「檀那一粒米重如須彌山，未審此恩如何報得？」

師答：「點一杯苦茶來。」

曬衣次，問：「學人平生不曾掛一寸絲，且道曬個甚麼是得？」

師云：「你即今身上披的是驢皮是馬皮？」

又問：「古人道：『眾苦不是苦，裂裟下打失人身方是苦。』學人現是人身，且道是苦不是苦？」

師答：「你問阿誰？」

又問：「現前作是主，醒時作得主。睡著時作麼生？」

師答：「賣油郎。」

　　　　——明・函可：《千山剩人禪師語錄》卷五，《嘉興藏》第 38 冊，第 243 頁。

170. 清茶淡飯也須嘔卻

僧出山，師云：「臨行一句作麼道？」

僧云：「某甲著草鞋去也。」

師云：「有人問雪竇如何祗待，你作麼對？」

云：「清茶淡飯。」

師云：「也須嘔卻。」

　　　　——清・通云：《雪竇石奇禪師語錄》卷七，《嘉興藏》第 26 冊，第 506 頁。

171. 煮茗圍爐快活休

因雪示眾，師云：「昨夜蒼穹猶佈陣，今朝大雪滿山頭。追陪事事無佳趣，煮茗圍爐快活休。林下道人得與麼？真實受用，田地憂悠。曾記當時老趙州，無賓主句有來由。殷勤為報眾禪流，堂內底擁衾暗坐，堂外底好事添愁。祇

如雪凍水枯之時，又且如何話會？風光無限少人酬。」乃擲下拂子。

——清·機瑃：《黃蓮東岩禪師語錄》，《嘉興藏》第 38 冊，第 410 頁。

172. 石女山頭唱茶歌

瑞白雪禪師為乘長老封關：「封住拄杖頭，結定布袋口，山河大地攪得一團，明暗色空揑成一聚。爐峰不掛片雲，秦望豈帶煙色。正恁麼時，進關一句作麼生道？」良久云：「木人雲中拍氎板，石女山頭唱茶歌。」

——清·行悅集：《列祖提綱錄》，《卍續藏》第 64 冊，第 139 頁。

173. 見即便見，擬思即差

左丞范公沖，字致虛（南十五圓通旻嗣），繇翰苑守豫章，過玄通謁旻禪師，茶罷曰：「某行將老矣，墮在金紫行中去。此事稍遠。」

通呼內翰，公應諾。通曰：「何遠之有？」

公躍然曰：「乞師再垂指誨。」

通曰：「此去洪都有四程。」

公佇思。

通曰：「見即便見，擬思即差。」

公乃豁然有省。

——明·居頂：《續傳燈錄》卷三十一，《大正藏》第 51 冊，第 675 頁。

174. 蓮花未出水時如何

師吃藕次，僧問：「蓮花未出水時如何？」

師曰：「藕。」

僧曰：「出水後如何？」

師曰：「且得吃茶。」

——清·智祥：《頻吉祥禪師語錄》卷十一，《嘉興藏》第 39 冊，第 651 頁。

175. 上座遍參諸方有什麼言句

師問希聲：「上座遍參諸方有什麼言句？」

希曰：「曾問一老宿：『汪洋浪里乘舟，因甚怕水？』老宿未答。又問：『須彌頂上翹足，因甚遭跌？』老宿亦未答，但曰『吃茶』。」

師云：「何不問老僧？」

希舉前語。師云：「弄潮須是弄潮人。」

希進後語。師云：「平地無端也吃交。」

希云：「謝師答話。」便禮拜師，云歸堂去。

——清・道正：《蓮月禪師語錄》卷四，《嘉興藏》第 29 冊，第 417 頁。

176. 我有一語要問老兄

爾思大師茶次，舉洞山「一人說得行得，一人說不得行不得」語為問。

師云：「我有一語要問老兄，疏山造壽塔，兄作麼生會？」

思未答。師遽起去。次早，思向師謝，師乃笑。

——清・淨挺：《雲溪俍亭挺禪師語錄》卷六，《嘉興藏》第 33 冊，第 749 頁。

177. 牛頭語，牛尾語

除夕示眾，舉牛過窗櫺話問眾曰：「頭角四蹄俱過，為甚尾巴過不得？」

祖意出曰：「爆竹聲中金鳳舞。」

師曰：「牛頭語，牛尾語。」

意曰：「一拶粉碎。」

師曰：「皮毛在什麼處？」

曰：「陽焰烹新綠，春光炙嫩紅。」

師曰：「放子三十棒。」

又問旅門曰：「你作麼生？」

門曰：「燈燭輝煌。」

師曰：「牛頭語，牛尾語。」

曰：「和尚幸是大人。」

師曰：「須還我皮毛始得。」

曰：「值得天下人摸索不著。」

師曰：「也好與三十棒。」

曰：「和尚是何心行？」

師不顧乃曰：「適才山僧恁麼問，諸人恁麼答，正是向洪波浪裏採取鎮海明珠，且道明珠即今在甚麼處？」驀卓拄杖曰：「菩薩龍王行雨，潤遮身向上數重雲。」

旅門行腳回，茶話，師問：「三登九上煙水百城不過，要明向上一著，祇如向上一著作麼明？」

門曰：「到江吳地盡，隔岸越山多。」

師曰：「到即不問，如何是隔？」

曰：「請和尚吃茶。」

師乃笑顧眾曰：「此子昔年隨侍山僧，將謂諸方佛法別有奇特，今日歸來，依舊眉生睫上，諸人還信得及麼？若信得及，不動步而遊遍剎海，不然歷盡天涯總是癡狂。外邊走是事且置，祇如明月堂前，子轉身而就父，為甚父全不顧？白雲籠嶽頂，渾不露崔嵬。」

——清·純：《別牧純禪師語錄》，《嘉興藏》第 40 冊，第 62 頁。

178. 火爐闊多少

師一日侍雪峰次，有二僧從階下過，峰云：「此二人堪為種草。」

師云：「某甲不與麼。」

峰云：「汝作麼生？」

師云：「便好與二十棒。」

師因雪峰云：「世界闊一丈，古鏡闊一丈。」

師乃指火爐云：「火爐闊多少？」

峰云：「似古鏡闊。」

師云：「老漢腳跟未點地在。」

鏡清忩問：「僧為復古鏡致火爐與麼闊？火爐致古鏡與麼大？

西院明云：「與麼問人也未可在。」

雲門偃云：「餿飯泥茶爐。」

——宋·宗永：《宗門統要正續集》卷十五，《永樂北藏》第 155 冊，第 87 頁。

179. 總不作，只沒忙

道逸師見不遂本意，辭和上出天蒼山，來至益州淨泉寺。先見空上座等，說「山中無住禪師不行禮懺念誦，空閒坐」云。何空等聞說，倍常驚怪，豈是佛法！

　　領道逸師見金和上，道逸禮拜未了，何空等誻金和上云：「天蒼山無住禪師只空閒坐禪，不肯禮念，亦不教同住人禮念，豈有此事，可是佛法？」金和上叱何空道逸等：「汝向後吾在學地時，飯不及吃，只空閒坐，大小便亦無工夫，汝等不識。吾當天谷山日，亦不禮念，諸同學嗔，吾並不出山去。無人送糧，惟練土為食。亦無工夫出山，一向閒坐。孟寺主聞諸同學說吾閒坐，便向唐和上讒吾。唐和上聞說，倍加歡喜。吾在天谷山亦不知讒，聞唐和上四大違和，吾從天谷山來至資州德純寺。孟寺主見吾來，不放入寺。唐和上聞吾來，使人喚吾至堂前。吾禮拜未訖，唐和上便問：『汝於天谷山作何事業？』吾答：『總不作，只沒忙。』唐和上報吾：『汝於彼忙，吾亦忙矣。』唐和上知眾人不識。和上云：「居士，達摩祖師一支佛法流在釖南，金和上即是。若不受緣，恰似寶山空手歸。」璿聞已，合掌起立：「弟子即入成都府受緣去。」

　　和上山中知金和上山中遙憶彼，即知憶，遂向璿說：「此有茶芽半斤，居士若將此茶芽為信奉上金和上，傳無住語，頂禮金和上。金和上若問無住，云無住未擬出山。」璿即便辭和上，將所奉上茶芽。至逮巳月十三日至成都府淨泉寺，為和上四體違和，輒無人得見。董璿逢菩提師，引見金和上，具陳無住禪師所奉上茶芽傳頂禮。金和上聞說及見茶芽，非常歡喜。語董璿：「無住禪師既有信來，何得不身自來？」董璿答：「無住禪師來日未擬出山。」金和上問董璿：「汝是何人？」董璿誑金和上答：「是無住禪師親事弟子。」金和上向董璿云：「歸白崖山日，吾有信去，汝須見吾來。」

　　至十五日，見金和上，璿欲歸白崖山，取和上進止。其時發遣左右親事弟子：「汝等總出堂外去，即喚董璿入堂。」和上遂將袈裟一領，人間有呈示璿：「此是則天皇后與詵和上，詵和上與唐和上，唐和上與吾，吾傳與無住禪師。此衣久遠已來保愛，莫遣人知。」語已悲淚哽咽：「此衣嫡嫡相傳付授，努力努力。」即脫身上袈裟，覆膊裙衫坐具共有一十七事。「吾將年邁，汝將此衣物密送與無住禪師，傳吾語：『善自保愛，努力努力。未出山時，更待三五年間，自有貴人迎汝即出。」便即發遣董璿急去，莫教人見。

　　——唐・佚名：《歷代法寶記》卷一，《大正藏》第 51 冊，第 187 頁。

180. 如何是親切受用

　　僧問：「如何是親切受用？」

師舉茶盞云:「飯後幾杯茶。」

僧云:「恁麼則與眾同分去也。」

師云:「山僧不瞌睡。」

——清‧元:《一初元禪師語錄》卷上,《嘉興藏》第 29 冊,第 386 頁。

181. 師兄吃茶了,普願未曾吃茶

廬山歸宗寺智常禪師,上堂云:「從上古德不是無知解,他高尚之士不同常流。今時不能自成自立,虛度時光,諸子莫錯用心。無人替汝,亦無汝用心處,莫就他覓。從前只是依他解,發言皆滯,光不透脫,只為目前有物。」

僧問:「如何是玄旨?」師云:「無人能會。」僧云:「向者如何?」師云:「有向即乖。」僧云:「不向者如何?」師云:「誰求玄旨?」又云:「去無汝用心處。」僧云:「豈無方便門令學人得入?」師云:「觀音妙智力能救世間苦。」僧云:「如何是觀音妙智力?」師敲鼎蓋三下云:「子還聞否?」僧云:「聞。」師云:「我何不聞?」僧無語。師以棒趁下。

師嘗與南泉同行,後忽一日相別。煎茶次,南泉問云:「從前與師兄商量語句,彼此已知。此後或有人問,畢竟事作麼生?」師云:「遮〔註12〕一床地大,好卓庵。」泉云:「卓庵且置,畢竟事作麼生?」師乃打卻茶銚便起。泉云:「師兄吃茶了,普願未曾吃茶。」師云:「作遮個語話,滴水也銷不得。」

僧問:「此事久遠如何用心?」師云:「牛皮鞔露柱,露柱啾啾叫。凡耳聽不聞,說聖呵呵笑。」

師因俗官來,乃拈起帽子兩帶云:「還會麼?」俗官云:「不會。」師云:「莫怪老僧頭風不卸帽子。」

師入園取菜次,師畫圓相圍卻一株,語眾云:「輒不得動著遮個。」眾不敢動,少頃師復來,見菜猶在,便以棒趁眾僧云:「遮一隊漢無一個有智慧底。」

師問新到僧:「什麼處來?」師云:「鳳翔來。」師云:「還將得那個來否?」僧云:「將得來。」師云:「在什麼處?」僧以手從頂擎捧呈之,師即舉手作接勢拋向背後。僧無語。師云:「遮野狐兒。」

——宋‧道原:《景德傳燈錄》,《大正藏》第 51 冊,第 255 頁。

〔註12〕遮:此處理解為「這」。古時某些語境中對用字不甚嚴格,常以同音字代用。

182. 世界未成時，便有這個

師與魯祖、歸宗、杉山四人，離馬祖處，各謀住庵。於中路相別次，師插下拄杖云：「道得也被這個礙，道不得也被這個礙。」

宗拽拄杖打師一下云：「也只是這個，王老師說甚麼礙不礙。」

魯云：「只此一句語，大播天下。」

宗曰：「還有不播者麼？」

魯曰：「有。」

宗曰：「作麼生是不播者？」

魯作掌勢。

師同魯祖、杉山、歸宗吃茶次，魯祖提起茶盞云：「世界未成時，便有這個。」

師云：「今人祇識這個，未識世界。」

宗云：「是。」

師云：「師兄莫同此見麼？」

宗卻拈起盞云：「向世界未成時道得麼？」

師作掌勢，宗以面作承掌勢。

麻谷持錫到章敬，繞禪床三匝，振錫一下，卓然而立。敬云：「是是。」（雪竇云：「錯。」）

谷又到師處，亦繞禪床三匝，振錫一下，卓然而立。師云：「不是不是。」（雪竇云：「錯。」）

谷云：「章敬道是，和尚為甚麼道不是？」

師云：「章敬即是，是汝不是。此是風力所轉，終成敗壞。」

——明·瞿汝稷集：《指月錄》卷八，《卍續藏》第83冊，第848頁。

183. 汝擎茶來吾為汝接，汝行食來吾為汝受

澧州龍潭崇信禪師，本渚宮賣餅家子也，史失其姓，少時英異。初，悟禪師居天皇寺，人莫之測。師家於寺巷，日常以十餅饋之，悟受之。每食，異常留一餅曰：「吾惠汝以蔭子孫。」

一日退而省，其私曰：「餅是我持去，何以反遺我邪？寧別有旨乎？」遂告問焉。

悟曰：「是汝持來，復汝何咎？」

師聞頗曉玄旨，因祈出家。

悟曰：「汝昔崇福善，今信吾言，可名崇信。」

由是服勤左右，一日問曰：「某自到來，不蒙指示心要。」

悟曰：「自汝到來，吾未嘗不指汝心要。」

曰：「何處指示？」

悟曰：「汝擎茶來吾為汝接，汝行食來吾為汝受，汝和南時吾便低首。何處不指示心要？」

師低頭良久。

悟曰：「見即直下便見，擬思即差。」

師當下開解。乃復問：「如何保任？」

悟曰：「任性逍遙，隨緣放曠。但盡凡心，無別聖解。」

師後詣澧陽龍潭棲止。

僧問：「髻中珠誰人得？」

師曰：「不賞頑者。」

僧曰：「安著何處？」

曰：「有處即道來。」

李翱問：「如何是真如般若？」

曰：「我無真如般若。」

翱曰：「幸遇和上。」

師曰：「此猶是分外之言。」

——元·念常集：《佛祖歷代通載》卷十五，《大正藏》第 49 冊，第 627 頁。

184. 且坐，將茶來

師諱隆琦，號隱元，本縣靈得里東林林氏季子也。父在田，母龔氏。六歲，父客於湘未歸，自是家產日耗，難以攻讀。至九歲入學，十歲廢讀，遂漸學耕樵為業。每靜夜與二三友坐臥松下，仰觀天河運轉、星月流輝，誰係誰主，躔度不忒，心甚惑焉。然此道理，非佛仙難明，纔有慕佛仙之念。意雖未決，志在塵表，無心於世，十數年來所為頗多顛沛。年三十，禮本寺鑒源師落髮，有嘲者云：「東林也有佛邪？」

師云：「嘗聞佛性遍周法界，豈外東林耶？」

嘲者歎妙。

師即發願云：「此處若不精修佛行，以壞法門，生陷泥犁。」

辛酉春，領簿往京募化，欲完此道場。至杭，適時仁師京回〔註13〕，談及京中多事，緣事遂止，乃問仁師：「『依經解義，三世佛冤；離經一字，如同魔說』，如何消釋？」

仁云：「三十年後與汝道。」

師即私忿，意為欺人太甚，難道這兩句經有甚麼難會，以待三十年耶？便不同回山。今日思之，仁師此句大得力矣！當時若依經解說一篇，則被摩捋回山，安有今日之事乎？所謂靠將不如激將，飄然遍歷名刹，第有一德可稱者，亦依同住。

甲子春，上秦住山積善庵，景西主人問：「路中還見有好人麼？」

師云：「試指個不好的出來看看！」

西默然。

師云：「不見道『仁見為之仁』？」

西又問：「七處徵心，畢竟心在甚麼處？」

師云：「且坐，將茶來。」

西無語。

師云：「下文還長，付在來日。」正談及參天台之事，忽聞老和尚來應金粟，喜不自勝，私謂：「符我所願。」買舟同到金粟參見和尚，問：「學人初入禪門，未知做工夫，求和尚開示。」云云：「我這裡無工夫可做，要行便行，要坐便坐，要臥便臥。」師云：「蚊子多，臥不得時如何？」云云：「一巴掌。」

師拜退，致疑不決，七晝夜經行坐臥，無有間斷。至第七日下午，老和尚在匡祖堂前過，師抬頭一見，有省，便拜云：「某甲會得和尚掌中意。」云云：「道看！」師便喝。云云：「再道看！」師又喝。云云：「三喝四喝後如何？」師云：「今歲鹽貴如米。」云云：「走開！不得礙人路頭。」師禮拜退。日常自作主宰，活潑潑地，亦不請問，亦無疑情。至丙寅冬，五峰為西堂，師豎拳云：「識得這個，天下太平；識得這個，天下爭競。如何決斷？」峰云：「這個從甚麼處得來？」師便喝。峰云：「那裡學得來？」師又喝，峰便打。師再喝，峰再打。師喝兩喝，峰打兩打。眾謂老隱今日敗闕。師云：「非汝境界。」

〔註13〕「囬」同今「回」。

由是坐不得，臥不得，氣噴噴地。平目而行，千人之中不見有一人，並不見有己身。行至次早課誦，維那鳴磬一聲，忽覺身在此立。課畢，仍舊而行。眾謂老隱著藥了。直至第三日上午，忽腮外一陣風吹入，寒毛卓豎，通身白汗，大徹源底。便知三世諸佛、歷代祖師、天下老和尚、情與無情盡在毫頭上，了了分明，無二無別，不可舉似於人，自證乃知。心中甚喜，逢人即笑。人謂老隱被魔所著。

師云：「非汝所知。」但記得經云：「若作聖證，即入群魔。」遂無喜色，尋常如舊。續知師知師所得，謂峰云：「此子徹也。」乃喚進寮，云：「汝有悟處，試道看？」師云：「道即不難，只恐驚群動眾。」峰云：「但說何妨！」師即打觔斗而出。峰云：「真獅子兒，善能哮吼。」後即出堂領火頭。

——明·重興隆琦隱元等輯，獨往等編訂續修：《黃檗山寺志》卷三，見杜潔祥主編《中國佛寺史志彙刊》第三輯第 4 冊，丹青圖書公司，1985 年，第 119～122 頁。

185. 天上無空腹神仙

有護乩、居士謝雨入山。師云：「嘗聞仙人會作詩。」仙書云：「佛何用詩？」師云：「天上無空腹神仙，山僧今日與仙聯一首遊戲；異日載志，亦是勝事。」仙云：「請和尚先！」師云：「仙翁冒雨入山家。」士囑仙云：「和尚機速，請答！」仙停乩罔措。師震聲一喝云：「擬議停機，白雲萬里。本是木作成，靈從何來？聖從何起？莫瞞山僧好！」乃自聯云：「仙翁冒雨入山家，何事當機縮爪牙？不獨渾身泥水濕，片心攪擾亂如麻。」令侍者度與仙。仙齋後和云：「仙翁冒雨入山家，為吃趙州一碗茶。莫怪無言為擬議，春霖洗落滿山花。」師云：「好個春霖洗落滿山花，祇是遲了些！」復次韻云：「浮囊擊碎了無家，竟日貪杯酒當茶。出賣風雲誇好手，爭如舌上吐蓮花？」

——明·重興隆琦隱元等輯，獨往等編訂續修：《黃檗山寺志》卷三，見杜潔祥主編《中國佛寺史志彙刊》第三輯第 4 冊，丹青圖書公司，1985 年，第 157～158 頁。

186. 七碗快酬且隨分

檀信請茶話，舉長髭曠禪師。有僧為點茶，三巡後便問：「不負從上諸聖，如何是長髭第一句？」

曠曰：「有口不能言。」

僧曰：「為什麼有口不能言？」

曠乃頌曰：「石獅子，木女兒，第一句，諸佛機。言不得，也大奇。直下是，莫狐疑。」良久云：「是第一句第二句？」

僧曰：「不一不二。」

曠曰：「見利亡錐，猶自多在。」

僧禮拜。

曠拈起盞子曰：「直下不負從上諸聖。」

僧曰：「直指人心見性成佛又作麼生？」

曠放下盞子便歸方丈，僧隨後入，曠翹一足曰：「大地不容針，汝從何處來？」

僧曰：「直是維摩也緘口不得。」

曠曰：「偶示之間又逢猛虎。」

僧作虎聲。

曠以拄杖作亞鎗勢，僧卻把住曰：「大地不容針，何處得這個來？」

曠曰：「不但維摩，文殊也緘口不得。」

僧曰：「著箭虎不可當。」

曠與一掌推出方丈。

後老宿頌曰：「是精識精，是賊識賊。猛虎鱉蛇，釋迦彌勒。觀音勢至，寒山拾得。一盞清泉，古今規則。」

師云：「既是為規為則，且道即今一會，釋迦彌勒胥臨，觀音勢至咸聚，寒山拾得安處？矧其羅列滿盤，斑濟闔席，稚壯共飲，鹹淡同餐，規則又在於何？」

復舉鍾云：「七碗快酬且隨分，千杯酣醉謾同流。」

——清·性巨、性湛等編：《竺峰敏禪師語錄》卷二，《嘉興藏》第 40 冊，第 233 頁。

187. 無這個，將甚麼吃茶

唐無著，永嘉董氏子。天姿穎拔，雄毅不群。年十二，依本州島龍泉寺猗律師披剃，誦大乘經數萬偈。天寶八年，以業憂得度。二十一歲，始紹師業。既精毗尼，即詣金陵牛頭山忠禪師諮決心要，孜孜禪學，不廢寸陰。

　　忠謂著曰：「汝以聰明之咎，與理斯隔。若無此咎，且喜痛快。三世諸佛，於眾生心外，無有一法可得。幻翳若除，虛空本淨。」

　　著於言下頓開法眼，自是倦遊湖海，志慕林泉。大曆二年夏，抵清涼山，憩華嚴寺，跏趺於經樓前，禪寂三日。後夜見白光，自東北來，照無著頂，久而方隱。著但覺身心清涼，得大法喜。凌晨思光來處，東北而行。

　　至樓觀谷口，心思聖境，禮數百拜，跏趺小寐。聞叱牛聲，驚覺，見一老人，弊巾苧服，牽牛而行，至無著前。著拜問曰：「老宿自何來？」

　　曰：「山中丐糧來。」

　　著曰：「家居何所？」

　　答曰：「在此谷中。」

　　老人曰：「子欲何往？」

　　答曰：「欲入金剛窟，不得門路。」

　　老人曰：「且就吾家少息啜茶。」

　　無著從之，北行五十步許，抵門闌。老人呼：「均提。」

　　有一童子，啟扉接牛。老人延無著入，其地平正，淨琉璃色，堂舍臥具，非世所有。

　　坐次，老人問曰：「子從何來？」

　　答曰：「南方。」

　　曰：「將得好念珠否？」

　　答曰：「有粗珠耳。」

　　老人曰：「請拈出看。」

　　無著度珠與老人。老人曰：「將你自家的來。」

　　著曰：「是我所有。」

　　老人曰：「若是汝有底，爭從南方來？」

　　童子捧二玻璃盞，盛滿酥蜜，一奉無著，一奉老人。老人舉盞問著曰：「南方有這個麼？」

　　著云：「無。」

　　老人云：「無這個，將甚麼吃茶？」

　　著無對。老人復問曰：「彼方佛法，如何住持？」

　　著曰：「末法比丘，少奉戒律。」

　　又問：「多少眾？」

著曰：「或三百五百。」

無著卻問老人：「此間佛法，如何住持？」

老人曰：「龍蛇混雜，凡聖交參。」

又問：「多少眾？」

老人曰：「前三三與後三三。」

無著無語。老人復問：「常事何業？」

答曰：「般若薰心，不得其要。」

老人曰：「不得是要。」

又問：「汝初出家，志求何事？」

答曰：「欲期佛果。」

老人曰：「初心即得。」

復問：「汝年幾何？」

答：「三十一歲。」

老人曰：「三十八歲，福必至矣。今於此地，徐徐而行，無自傷足。吾倦欲眠，汝請歸去。」

著曰：「日色將晡，乞留一宿。」

老人卻之曰：「汝有兩伴，此是執處，故不應住。」

著曰：「我本無伴，亦無戀著。」

老人曰：「汝既無戀，何求住此？既有戀求，豈非伴乎？」

又曰：「汝持衣否？」

答曰：「受具已來，常持衣缽。」

老人曰：「夫沙門無難，不得捨衣，好去。」

無著拜辭曰：「今有所疑，敢問大德，濁世眾生善根輕尠，當何所務即得解脫？」

老人即為說偈曰：「若人靜坐一須臾，勝造恒沙七寶塔。寶塔畢竟化為塵，一念靜心成正覺。」

說偈已，令童子送無著出。無著問童子曰：「適來主人道，前三三與後三三，是多少數？」

童子曰：「金剛背後的。」

無著罔措。著揖辭，復問金剛窟所在。

童子回指云：「這個是般若寺。」

— 111 —

無著回顧，童子與寺俱失。但見山色蒼蒼，長林鬱鬱，悲愴慕戀，彷徨久之。忽睹慶雲四布，上有圓光，若懸鏡然。多菩薩影，隱映於中，及有藻瓶、錫杖、蓮華、師子之狀。著不勝悲喜，移時乃空。無著感慨，遂成一偈。偈曰：「廓周沙界聖伽藍，滿目文殊接對談。言下不知開何印，回頭祇見舊山岩。」

說偈已，尋路至華嚴寺，具述其事，厥後立化於金剛窟前。

雪竇題云：「千著盤曲色如藍，誰謂文殊是對談。堪笑清涼多少眾，前三三與後三三。」〔註14〕

——明・釋鎮澄著，釋印光重修：《清涼山志》卷四・六菩薩顯應，民國二十五年七月〔1936〕版（國家圖書館藏），第6～8頁。

188. 示悟侍者

雲門示眾云：「和尚子莫妄想，山是山水是水，僧是僧俗是俗。」時有僧問：「學人見山是山見水是水時如何？」雲門以手面前劃一劃云：「佛殿為什麼從個裏去？」

舊時在眾參，見說無事禪底相傳云：「山是山，水是水，平實更無如許事。撥去玄妙理性，免得鑿空聒撓心腸，所以雲門慈悲，開一線路指示。者僧便領覽得出來問，雲門便用後面高禪茶糊鶻突伊，遂以手劃云『佛殿為什麼從者裏去』。此乃移換它也，所以大凡只說實話是正禪，才指東劃西是換你眼睛。但莫信它，但向道我識得你。苦哉苦哉！頓卻山僧在無事界裏得二年餘，然胸中終不分曉，後來驀地在白雲桶底子脫，方猛覷見這情解死殺一切人，生縛人家男女。向無事界裏胸中一似黑漆，只管長無明業識，貪名取利作地獄業，自謂我已無事了也。細原雲門意，豈只如此哉！將知醍醐上味遇此翻成毒藥！若是真實到雲門田地，安肯如此死殺！則其提振處並將佛祖大用大機顯示，則以手劃云『佛殿為甚從者裏去』。千聖應須倒退，便是具大解脫知見底也須飲氣吞聲。山僧抑不得已，聊且露些只知音知耳！大凡參學，須實究到絕是非，離得失，去情塵，脫知見，然後可以入此流矣！參！」

——宋・子文編：《佛果克勤禪師心要》卷四，《卍續藏》第69冊，第495頁。

〔註14〕此文據2018版CBETA《中國佛寺史志彙刊》第79冊《清涼山志》卷四・無著入金剛窟傳錄入，亦可參考印光重修《清涼山新志》卷四，見杜潔祥主編《中國佛寺史志彙刊》第三輯第30冊，然其內容稍有差異，名為無著見聖。

189. 只是不察耳

獻蓋問：「人莫不飲食，鮮能知味也，飲食即道否？」

先生曰：「這還是譬喻，如誰能出不由戶一般，所以不知味者何？」

曰：「只是不察耳，觀鄉黨載夫子之飲食及曲禮所載飲食之節，便知知味之旨，故我嘗謂飲食知味處亦便是道也。如孔子食於有喪者，未嘗飽食，於少西氏而飽，這便是知味。如前兩生飲鷙峰僧茶亦是。」

——明·呂柟：《涇野子內篇》卷二十七·禮部北所語，《四庫全書》子部一·儒家類，第 714 冊，第 739 頁。

190. 難飲者僧茶

上堂，舉僧為同安和尚煎茶。

安云：「甌烹綠茗，爐熱白檀，足可以話道周圓。」

僧云：「更請一甌茶。」

安云：「井底求魚，山上求螺，豈非愚哉！」

僧叉手近前。

安云：「何不道取？」

僧以目視之。

安云：「卦是天門，算來五兆。」

僧禮拜。

安云：「俊哉。」

師拈云：「前面道愚哉，後頭言俊哉。同安舌無骨，難飲者僧茶。」

——宋·修義：《西巖了慧禪師語錄》卷一，《卍續藏》第 70 冊，第 489 頁。

191. 偶而烹得，恭敬和尚

看經次，有慧侍者獻鮮筍茶。師云：「此乃是天降下，從地湧出耶？」

者云：「偶而烹得，恭敬和尚。」

問曰：「你早晚聽老僧說話，曉得否？」

者云：「不曉得。」

師舉匙挑起筍牙，云：「你如何卻曉得這個？」

者云：「現見。」

師接曰：「既曉得我要吃他，即送入口，云恁麼靈明，又道不曉得？」

者無語而退。

——明·圓悟：《幻有傳禪師語錄》卷一，《乾隆藏》第 153 冊，第 476 頁。

192. 須向未吃茶時識取

覺初禪者設茶，請示眾。

（象田禪師云：）「古人道：『人莫不飲食也，鮮能知味也。』是這般話言淡而旨遠，時人往往強作道理，解注怎解注得下！要且有口者，孰不解飲食？有舌者，孰不知滋味？然吃淡即知淡味，吃鹹即知鹹味，以至吃酒定不說是茶。且有善吃茶者，才沾唇便知此是天池，此是龍井，此是松蘿，一毫也瞞他不得，那裡不是他知味處？大都不知正味耳！諸仁者要知正味麼？須向未吃茶時識取。若識未吃茶時滋味了，更須知入口時滋味。若知入口時滋味了，又須知吃茶後滋味。直饒恁麼了。要知覺初禪者今夜設茶的意，祇要諸禪德閉口。然而丈夫有口，要開便開，要閉便閉。為甚麼要人設茶，然後閉口？有等好事之者，或逞才辯，或逞學問，或逞道理，搖唇鼓舌，妄生長短。殊不知言生理喪，故藉善知識於空中突出一言半句，直如金剛圈、栗棘蓬，使人吞不得、吐不得。等閒塞斷人咽喉，饒你有口，到這裡也無用處。只如昔日趙州問一僧：『曾到這裡麼？』僧云：『曾到。』州云：『吃茶去。』又問一僧：『曾到這裡麼？』僧云：『不曾到。』州亦云：『吃茶去。』時院主在座，問云：『和尚為甚麼曾到也吃茶不曾到也吃茶？』州亦云：『吃茶去。』諸禪德，這則公案千古之下塞斷人咽喉，然還塞得山僧的咽喉麼？」

良久云：「且喜山僧咽喉不塞自斷也。」便歸室。

——明·淨癡、本致輯錄：《象田即念禪師語錄》，《嘉興藏》第 27 冊，
第 159 頁。

193. 病僧茶話

示眾，師云：「今夜永覺上座設茶，欲病僧茶話，也是將蝦釣鱉益人，人已躬下一段大事。是我先佛說起，與我輩做個通事舍人一般，亦是大家瞌睡相似，畢竟有個先醒者。然先醒者非獨自醒，逐個教之令醒，所以經云：『舍利弗，當知我本立誓願，欲令一切眾如我等無異。』極容易事而翻為難事，又不得不從難處做去。若是有形段事則可易做，唯此事大而無外，細而無內，沒撈摸，沒巴鼻，欲下手則無處下手，欲用心則無處用心，到此惟證，乃知不

爾。疑生疑死，疑佛疑祖，者些恍惚處實為命根不斷，還委悉麼？不愁劍戟如星下，唯恐藕絲絆殺人。」

——清‧海明：《破山禪師語錄》卷六，《嘉興藏》第 26 冊，第 26 頁。

194. 山僧肚皮乾枯，無可施設

方以讓居士請茶話。茹無揀居士問：「鴛鴦繡出從君看，不把金針度與人。如何是鴛鴦？」

師答云：「一雙撲地恁孤飛。」

士問：「如何是金針？」

師云：「從來不度。」

士云：「恁麼則君臣道合，國泰民安去也。」

師云：「更須參見洞山始得。」

士禮拜而退。

師云：「南人不夢千人帳，北人不夢萬斛舟，以耳目所接不同故也，祇如夢香花夢樓臺夢佛像，此乃聖境冥符，《法華》所謂常有是好夢也。山僧適來倦睡，得一夢，既非熟習勝境，且道是甚麼夢？正假寢間，夢一人至方丈，求偈山僧，道老僧貪睡，可問取木上座。座云：『和尚說底才有靈驗。』山僧道：『借拳行令打虛空，大地山河切恨同。至道從來嫌揀擇，趙州齒缺不關風。』才醒起來，忽遇以讓居士請山僧茶話，山僧肚皮乾枯，無可施設，祇得將此偈拈出布施大眾，三十年後，莫道山僧與大眾說夢。」

——明‧智誾：《雪關禪師語錄》卷二，《嘉興藏》第 27 冊，第 455 頁。

195. 且道是僧家有是俗家有

元宵茶話：「正月十五是元宵，露柱畫眉燈籠描。元宵正是正月半，燈籠放花露柱看。張三月下打秋韆，李四風前吹玉管。若是鬧熱門庭家，家知有入理深譚。龐居士云：『但自無心於萬物，何妨萬物常圍繞。鐵牛不怕獅子吼，恰似木人看花鳥。木人本體自無情，花鳥逢人亦不驚。心境如如祇這是，何慮菩提道不成。』諸禪德向龐居士句裏覷得七花八裂，縱不喚作聖賢也喚作了事凡夫。其或未然，一句彌陀無間歇，家懸白澤鎮妖圖。」

——明‧智誾：《雪關禪師語錄》卷二，《嘉興藏》第 27 冊，第 456 頁。

196. 衲僧茶飯

焦應斗領眾請上堂。僧問：「萬法從心生，諸緣唯性曉，祇如一法不存時心與性在甚麼處？」

師云：「雲收天字廓，紅日照無塵。」

進云：「掬水月在手，弄花香滿衣。」

師云：「好個神通妙用。」

進云：「不勞讚歎。」

師便打。

問：「棒喝交馳，衲僧茶飯。檀波羅密，便請垂慈。」

師云：「蘇嚕蘇嚕。」

進云：「與麼則日月光照遠，乾坤覆載隆。」

師云：「嘚哩嘚哩。」

僧喝，師便打，乃云：「有句無句，如藤倚樹，樹倒藤枯，南無薩咀哆阿羯哩虎泮都盧雍。恁麼恁麼，腰纏十萬貫，騎鶴上揚州。不恁麼不恁麼，草枯鷹眼疾，雪霽〔註15〕馬蹄輕。然後恁麼中不恁麼，不恁麼中卻恁麼，顛拈倒用，收放縱橫，隱顯隨宜，得大自在。這裡見得著衣吃飯，綿綿不漏纖毫，坐臥經行，歷歷了無回互。士農工商，各營本業，六凡四聖，同證無生。祇如『截斷四路葛藤，獨露當陽』一句。又作麼生道？高懸日月，乾坤廓大，闡洪音，唱祖機。」

　　——清·行喜：《雲峨喜禪師語錄》卷一，《嘉興藏》第 28 冊，第 179 頁。

197. 知之一字，眾禍之門

茶話：「此事現前不過，汝若鉤索，將來便見玄遠。祇如即今大眾在者裏會茶，某果子好食，某果子不好食。者一杯冷，那一杯暖。何等天真靈妙！及乎問著如何是佛，如何是祖師西來意，便有許多承當，許多指示。且道過在什麼處？古人道：『佛法在日用處，迎賓送客處，痾矢撒溺處。才恁麼卻又不是也。』雖然如是，須要開者個眼始得。汝若未開者個眼，雖全體是佛，卻全體是眾生境界。汝若開者個眼，雖日在眾生中，總是佛之妙用。所以云：『知之一字，眾妙之門。』然又道：『知之一字，眾禍之門。』汝作麼生折

〔註15〕王維《觀獵》詩原句為「雪盡馬蹄輕」，此處「雪霽」或為活用。

合？今晚華首監寺為新首座普茶，特請山僧茶話。適來幾句子，且道是要諸人知，是要諸人不知？」

良久，豎拂子云：「大眾，多少人在者裏作知不知會？大眾，佛法不是者個道理。既不是者個道理，畢竟合作麼生？」以拂子左右拂云：「珍重。」

——明‧函是：《盧山天然禪師語錄》卷五，《嘉興藏》第 38 冊，第 156 頁。

198. 與麼則世諦流

傍僧問云：「祖師作麼生化？」

師云：「乞我一文錢。」

僧云：「與麼則泥塑木雕底也。」

師云：「你不妨會得好。」

與僧茶話次。勘云：「作麼生是你未生前面目？」

僧指茶盤云：「者個是宣州栗子，那個是福州荔枝。」

師云：「與麼則世諦流。」

——清‧上思：《雨山和尚語錄》卷十五，《嘉興藏》第 40 冊，第 586 頁。

199. 如何是靜極光通達

王至柏林，僧眾迎次。王指階下一犬問大眾云：「不得目為犬，道句看。」眾無語。王云：「常住的。」

一日，月夜延僧茶話次，一僧問云：「如何是靜極光通達？」

王云：「今日合昨日看。」

——清‧雍正：《御選語錄》卷十二，《卍續藏》第 68 冊，第 566 頁。

200. 你既不知理，卻如何向汝談道

王沐浴，索茶飲次，問從者云：「身內是水，身外是水，汝看我身是水也不？」者云：「王身豈可言水。」王云：「人身原是四大合成，汝可信得及否？」云：「信得及。」王云：「可又來。汝細思之，火見水自然滅，土見水自然沈，風見水自然浮。其餘現今與水相合底，此身非水而何？」者云：「雖然如是說，理上行不得。」王笑云：「你既不知理，卻如何向汝談道。」

——清‧雍正：《御選語錄》卷十二，《卍續藏》第 68 冊，第 566 頁。

201. 是大是小

衢州烏巨山儀晏開明禪師，吳興許氏子，於唐乾符三年生。誕之夕，異香滿室，紅光如晝。光啟中，隨父鎮信安，強為娶。師不願，遂遊歷諸方，機契鏡清。歸省父母，乃於郭南刱別舍，以遂師志。舍旁陳司徒廟有凜禪師像，師往瞻禮，失師所之。後郡守展祀祠下，見師入定於廟後叢竹間，蟻蠹其衣，敗葉沒脛，或者云是許鎮將之子也。自此三昧，或出或入。子湖訥禪師未知師所造深淺，問曰：「子所住定蓋小乘定耳。」時方吃茶，師呈起橐曰：「是大是小？」訥駭然。

尋謁括蒼唐山德嚴禪師，嚴問：「汝何姓？」曰：「姓許。」嚴曰：「誰許汝？」曰：「不別。」嚴默然之，遂與剃染。嘗令摘桃，浹旬不歸。往尋，見師攀桃倚石，泊然在定，嚴鳴指出之。開運中，遊江郎岩，睹石龕，謂弟子慧興曰：「予入定此中，汝當壘石塞門，勿以吾為念。」興如所戒。明年，興意師長，往啟龕，視師素髮被肩，胸臆尚暖，徐自定起，了無異容。復回烏巨。

侍郎慎公鎮信安，馥師之道，命義學僧守榮詰其定相，師不與之辯，榮意輕之。時信安人競圖師像而尊事，皆獲舍利。榮因愧服，禮像謝懺，亦獲舍利，歎曰：「此後不敢以淺解測度矣。」

錢忠懿王感師見夢，遣使圖像至，適王患目疾，展像作禮，如夢所見，隨雨舍利，目疾頓瘥。因錫號開明，及述偈贊，寶器供具千計。

端拱初，太宗皇帝聞師定力，詔本州加禮，津發赴闕。師力辭。僧再至諭旨，特令肩輿。入對便殿，命坐賜茗，諮問禪定。奏對簡盡，深契上旨。丐歸，復詔入對。

得請還山，送車塞途。淳化元年示寂，壽一百十五，臘五十七。闍維白光燭天，舍利五色。邦人以骨塑像，至今州郡雨暘，禱之如響斯答。

——清·陳夢雷：《欽定古今圖書集成·博物彙編·神異典》卷一百七十五，僧部列傳五十一·宋二，中華書局影印版，1934 年，第 503 冊，第 49 葉。

202. 今日未吃茶

韶州白雲子祥實性大師，初住慈光院。廣主召入府說法，時有僧問：「覺華才綻，正遇明時。不昧宗風，乞師方便。」師曰：「我王有令。」問：「祖意

教意是同是別？」師曰：「不別。」曰：「恁麼則同也？」師曰：「不妨領話。」問：「諸佛出世，普遍大千。白雲一會，如何舉揚？」師曰：「賺卻幾人來。」曰：「恁麼則四眾何依？」師曰：「沒交涉。」問：「即心即佛，示誨之辭。不涉前言，如何指教？」師曰：「東西且置，南北作麼生？」問：「如何是和尚家風？」師曰：「石橋那畔有，這邊無，會麼？」曰：「不會。」師曰：「且作丁公吟。」問：「衣到六祖為甚麼不傳？」師曰：「海晏河清。」問：「從上宗乘，如何舉揚？」師曰：「今日未吃茶。」

上堂：「諸人會麼？但向街頭市尾，屠兒魁劊，地獄鑊湯處會取。若恁麼會得，堪與人天為師。若向衲僧門下，天地懸殊。更有一般底，祇向長連床上作好人去。汝道此兩般人，那個有長處？無事，珍重。」問：「僧甚麼處來？」曰：「雲門來。」師曰：「里許有多少水牛？」曰：「一個兩個。」師曰：「好水牛。」問：「僧不壞假名而談實相，作麼生？」僧指倚子曰：「這個是倚子。」師以手撥倚曰：「與我將鞋袋來。」僧無對。師曰：「這虛頭漢。」

師將示滅，白眾曰：「某甲雖提祖印，未盡其中事。諸仁者且道其中事作麼生？莫是無邊中間內外已否？若如是會，即大地如鋪沙。」良久曰：「去此即他方相見。」言訖而寂。

——宋·普濟：《五燈會元》卷十五，《卍新藏》第80冊，第370頁。

203. 這個猶是侍者

郢州大陽山警元禪師，江夏張氏子，依智通禪師出家，十九為大僧。聽《圓覺》了義，講席無能及者，遂遊方。初到梁山，問：「如何是無相道場？」山指觀音曰：「這個是吳處士畫。」師擬進語，山急索：「這個是有相底，那個是無相底？」師遂有省，便禮拜。山曰：「何不道取一句？」師曰：「道即不辭，恐上紙筆。」山笑曰：「此語上碑去在。」師獻偈曰：「我昔初機學道迷，萬水千山覓易知。明今辨古終難會，直說無心轉更疑。蒙師點出秦時鏡，照見父母未生時。如今覺了何所得，夜放烏雞帶雪飛。」

山謂上洞之宗可倚，一時聲價藉藉。山歿，辭塔至大陽，謁堅禪師。堅讓席使主之。僧問：「如何是大陽境？」師曰：「羸鶴老猿啼谷韻，瘦松寒竹鎖青煙。」曰：「如何是境中人？」師曰：「作麼？作麼？」曰：「如何是和尚家風？」師曰：「滿瓶傾不出，大地沒饑人。」

上堂：「嵯峨萬仞，鳥道難通。劍刃輕冰，誰當履踐。宗乘妙句，語路難陳。不二法門，淨名杜口。所以達磨西來，九年面壁，始遇知音。大陽今日，也大無端。珍重。」

問：「如何是透法身句？」師曰：「大洋海底紅塵起，須彌頂上水橫流。」師問：「僧甚處來？」曰：「洪山。」師曰：「先師在麼？」曰：「在。」師曰：「在即不無，請渠出來，我要相見。」僧曰：「響。」師曰：「這個猶是侍者。」僧無對。師曰：「吃茶去。」

——宋·普濟：《五燈會元》卷十四，《卍新藏》第 80 冊，第 288 頁。

204. 剛道有乾坤，不如吃茶去

蘇州堯峰顥暹禪師，僧問：「學人乍入叢林，乞師一接。」師曰：「去。」問：「承教有言，是法平等，無有高下。如何是平等法？」師曰：「堯峰高，寶華低。」曰：「恁麼則卻成高下去也？」師曰：「情知參恁麼會？」

聞雷聲，示眾曰：「還聞雷聲麼？還知起處麼？若知起處，便知身命落處。若也不知，所以古人道，不知天地者，剛道有乾坤，不如吃茶去。」問：「如何是道？」師曰：「夕死可矣。」問：「如何是金剛力士？」師曰：「這裡用不著。」問：「亡僧遷化向甚麼處去也。」師曰：「蒼天，蒼天。」

乃曰：「祇如未後僧問：『亡僧遷化向甚麼處去也？』山僧向他道：『蒼天，蒼天。』且道意落在甚麼處？莫是悲傷遷逝，痛憶道人麼？若乃恁麼評論，實謂罔知去處。要知去處麼？更不用久立。歇去。」

上堂：「冬去春來，樓閣門開。若也入得，不用徘徊。諸上座，還向這裡入得也未？若也入得，所以古人道，是處是彌勒，無門無善財。若也入之未得，自是諸上座狂走，更不切切久立。珍重。」

——宋·普濟：《五燈會元》卷十，《卍新藏》第 80 冊，第 219 頁。

205. 恁麼熱向甚處迴避

上堂：「著意馳求，驢年見面，盡情放下，瞥爾現前。香嚴聞擊竹聲徹見本來面目即不問，且道恁麼熱向甚處迴避？歸堂，吃茶去。」

延祐乙卯，十一月初五日，呼其徒，囑以後事。索紙大書曰：「絕羅籠，沒回互，大海波澄，虛空獨露。」放筆翛然而逝，壽八十六。

——明·文琇：《增集續傳燈錄》卷三，《卍續藏》第 83 冊，第 293 頁。

206. 和尚為什麼教且坐吃茶

襄州谷隱山蘊聰慈照禪師，初參百丈常禪師。因結夏，百丈上堂，舉中觀論云：「正覺死名相，隨緣即道場。」

師便出問：「如何是正覺死名相？」

丈云：「汝還見露柱麼？」

師云：「如何是隨緣即道場？」

丈云：「今日結夏。」

師離百丈，至汝州參省念禪師。師問：「學人親到寶山空手回時如何？」

念云：「家家門前火把子。」

師於言下大悟，乃有頌呈念禪師云：「我今二十七，訪道曾尋覓。今朝喜得逢，要且不相識。」

念師接得，訶叱於師，三五日不之顧。師但侍左右，麼數載，念化緣畢，乃杖錫南行。

至襄州洞山初和尚處，師問云：「三玄有句，事上難分。不落是非，請師便道。」

洞山云：「待汝啞得洞山口，即向汝道。」

師云：「恁麼即解行嶮巇路，不在繫行纏。」

洞云：「磚堆裏倒地。」

師離洞山，到郢州大陽山警延和尚處。陽問：「近離甚麼處？」

師云：「近離襄州。」

陽云：「作麼生是不隔底句？」

師云：「和尚住持不易。」

陽云：「且坐吃茶。」

師云：「便參眾去。」

侍者問：「適來新到祇對住持不易，和尚為什麼教且坐吃茶？」

陽云：「我獻他新羅附子，他酬我舶上茴香。儞去問他，有語在。」

侍者請師吃茶，問：「適來祇對和尚道住持不易，意旨如何？」

師云：「真鍮不博金。」

師離大陽，到隋州智門戒和尚處。戒問：「承聞老兄親見作家，是否？」

師便喝。

戒云：「棒上成龍浚。」

便打。

令坐，吃茶畢，師云：「莫怪適來容易祇對和尚。」

戒云：「不然，卻是老僧造次。」

鄧州廣濟通和尚聞舉云：「大小戒和尚被聰上座換卻一隻眼也不知。」

後卻回襄州石門山，於景德三年，知州杳道請住石門山。於天禧四年，郡守夏竦重請住本郡谷隱山太平興國禪院。

——宋・李遵勗：《天聖廣燈錄》卷十七，《卍新藏》第 78 冊，第 499 頁。

207. 更照看

文勝禪師，字慈濟，婺州劉氏子，住靈隱寺。僧問：「古鑑未磨時如何？」

師曰：「古鑑。」

曰：「磨後如何？」

師曰：「古鑑。」

曰：「未審分不分？」

曰：「更照看。」

問：「如何是和尚家風？」

師曰：「莫訝荒。」

疏曰：「忽遇客來作麼生？」

師曰：「吃茶去。」

——吳之鯨：《武林梵志》卷九，《四庫全書》史部・地理類，第 588 冊，第 187 頁。

208. 若也不知，參

上堂：「上不在天，下不在地，中不在人。」喝一喝。「且道這一喝落在甚麼處？若也得知，也有賓也有主，也有照也有用。若也不知，參。」退巡堂吃茶。

——明・吳之鯨：《武林梵志》卷九，《四庫全書》史部・地理類，第 588 冊，第 214 頁。

209. 日日相似，有甚麼過

西湖三塔妙慧文義禪師，上堂，云：「會麼？已被熱謾了也。今早起來，無窖可說，下床著鞋後架洗面，堂內展缽吃粥，粥後打睡，睡起吃茶，見客相喚，齋時吃飯，日日相似，有甚麼過？然雖如是，更有一般令我笑金剛倒地一堆泥。」拍禪床下座。

——明·吳之鯨：《武林梵志》卷十，《四庫全書》史部·地理類，第 588
　　　冊，第 237 頁。

210. 即今事作麼生

師初參羅山，才禮拜起，山云：「甚處來？」

師云：「遠離西蜀，近發開元。」卻近前云：「即今事作麼生？」

山揖云：「吃茶去。」

師擬議間，山云：「秋氣稍暖，出去。」

——宋·宗永、元·清茂集：《宗門統要正續集》卷十七，《永樂北藏》第
　　　155 冊，第 141 頁。

211. 從西天來

有一僧到參，師見異，起來受禮了，問：「從何方而來？」

對曰：「從西天來。」

師曰：「什摩時離西天？」

曰：「齋後離。」

師曰：「太遲生。」

對曰：「迤邐遊山玩水來。」

師曰：「即今作摩生？」

其僧進前，叉手而立。

師乃祇揖云：「吃茶去。」

師問僧：「什摩處來？」

僧云：「遊山來。」

師曰：「還到頂上不？」

曰：「到。」

師曰：「頂上還有人不？」

對曰：「無人。」

師曰：「與摩則闍梨不到頂上也。」

對曰：「若不到，爭知無人？」

師曰：「闍梨何不且住？」

對曰：「某甲不辭住，西天有人不肯。」

師問雲居：「什摩處去來？」

對曰：「踏山去來。」

師曰：「阿那個山敢住？」

對曰：「阿那個山不敢住？」

師曰：「與摩則大唐國內山總被闍梨占卻了也。」

對曰：「不然。」

師曰：「與摩則子得入門也。」

對曰：「無路。」

師曰：「若無路，爭得與老僧相見？」

對曰：「若有路，則與和尚隔生。」

師云：「此子已後千萬人把不住。」

師到汭潭，見政上座謂眾說話云：「也大奇！也大奇！道界不可思議！佛界不可思議！」

師便問：「道界佛界則不問，且說道界佛界是什摩人？只請一言。」

上座良久無言。

師催云：「何不急道？」

上座云：「爭則不得。」

——南唐·靜、筠：《祖堂集》卷六，《大藏經補編》第 25 冊，第 2062 頁。

212. 路逢達道人，莫將語默對

保福拈問長慶：「既盡眼勿標，為什摩不許全好手？」

慶云：「還與摩也？」

福云：「好手者作摩生？」

慶云：「不當即道。」

保福云：「謝和尚領話。」自云：「禮拜著。」

問：「古人道：『路逢達道人，莫將語默對。』未審將什摩對？」

師云：「吃茶去。」

師問僧：「此水牯牛年多少？」

僧無對。

師云：「七十七也。」

僧曰：「和尚為什摩卻作水牯牛？」

師云：「有什摩罪過？」

問：「古人有言：『知有佛向上事，方有語話分。』如何是語話？」

師把柱云：「道什摩？」

僧無對，被師踏。

問：「學人道不得處，請師道。」

師云：「我為法惜人。」

師舉：「古來老宿引俗官巡堂云：『這裡有二三百師僧，盡是學佛法僧。』官云：『古人道金屑雖貴，又作摩生？』無對。」

　　——南唐·靜、筠：《祖堂集》卷七，《大藏經補編》第 25 冊，第 2102 頁。

213. 莫道不識

湧泉和尚，嗣石霜，在台州。師諱景忻，仙遊縣人也。受業於白雲山，才具尸羅，便尋祖道而參，見石霜便問：「學人初入叢林，乞師指示個入路。」

霜云：「我道三隻子拋不落。」

師便契玄，更無他往。

有康、德二僧來到院，在路上遇師看牛次，其僧不識，云：「蹄角甚分明，爭奈騎牛者不識何！」

其僧進前煎茶次，師下牛背，近前，不審與二上座一處坐。吃茶次，便問：「今日離什摩處？」

僧云：「離那邊。」

師曰：「那邊事作摩生？」

僧提起茶盞子。

師云：「此猶是蹄角甚分明，那邊事作摩生？」

其僧無對。

師云：「莫道不識。」便去。

福先代云：「若不與摩，爭識得道者？」又代云：「且座吃茶。」

——南唐・靜、筠：《祖堂集》卷九，《大藏經補編》第 25 冊，第 3018 頁。

214. 某甲齋後未吃茶

師云：「互換之機，且從只今作摩生？」

招慶因舉：「古人道：『金屑銀屑雖貴，肉眼裏著不得。』豈況法眼乎？」

招慶拈師問：「只如著不得，還著得摩？」

師對云：「未在，更道。」

招慶遂喝，師卻喝。

招慶卻問：「闍梨作摩生道？」

師云：「某甲齋後未吃茶。」

師舉：「教中云：『寧說河不入海，不說如來有二種語；寧說羅漢有三毒，不說如來有二種語；不道如來無語，只道如來無二種語。』」

師拈問招慶：「作摩生是如來語？」

招慶云：「聾人爭得聞？」

師云：「和尚向第二頭道則得。」

招慶問：「闍梨作摩生道？」

師云：「吃茶去。」

——南唐・靜、筠：《祖堂集》卷九，《大藏經補編》第 25 冊，第 3082 頁。

215. 若與摩，則癡客勸主人請盡茶

困山云：「今日可殺寒。」

因舉：「東寺問：『近離什摩處？』云：『近離江西。』東寺云：『還將得馬師真來不？』對云：『只這個是。』云：『背後底？』」

師代云：「泊不到此間。」

招慶云：「太似不知。」

因舉：「長慶云：『我有一個問，卻天下人口。』又云：『汝且作摩生問？』」

師代云：「謝和尚重重相為。」

因舉：「無著和尚到五臺山，見文殊化寺。共吃茶次，文殊提起茶垸子云：『南方還有這個不？』無著云：『無。』文殊云：『尋常將什摩吃茶？』無著無對。」

師代云：「幾不與摩道。」又代云：「久向金毛，今日親見。」

招慶代云：「若與摩，則癡客勸主人請盡茶。」

因舉：「先洞山辭興平，興平問：『什摩處去？』洞山云：『沿流無所止。』興平云：『法身沿流？報身沿流？』洞山云：『總不作如是見解。』」

師代云：「覓得幾個？」

因舉：「耆婆向弟子云：『汝於山中覓不中為藥草歸來。』弟子歸來云：『並無有不中為藥底草。』」

師遂提起問：「這個還中為藥摩？」

對云：「有什摩病敢出頭？」

師不肯，自代云：「有什摩不氷消？」

——南唐・靜、筠：《祖堂集》卷十一，《大藏經補編》第 25 冊，第 3083 ～3084 頁。

216. 大家吃茶去

師有時示眾云：「若向這裡通得，未是自己眼目。」又云：「古人恐與畫足，眼中生翳，復若為？」

問：「如何指示，則得不昧於時中？」

師云：「不可雪上更加霜。」

僧曰：「與摩則全因和尚去也。」

師云：「因什摩？」

雲岩掃地次，協寺主問：「何得自驅驅？」

岩云：「有人不驅驅。」

寺主云：「何處有第二月？」

岩提起帚云：「這是第幾月？」

玄沙代云：「此猶是第二月。」

報慈拈問師：「忽然放下掃帚時，作摩生道？」

師云：「大家吃茶去。」

師有頌曰：「好心相待人少悉，開門來去何了期？不如達取同風事，我自修行我自知。」

問：「如何是客中主？」

師云：「識取好。」

（問：）「如何是主中主？」

師良久。

僧曰：「客中主與主中主相去多少？」

師云：「作摩？」

——南唐‧靜、筠：《祖堂集》卷十二，《大藏經補編》第 25 冊，第 3115 頁。

217. **作這個語話，滴水也消不得**

師與歸宗同行，二十年行腳。煎茶次，師問：「從前記持商量語句已知，離此後有人問，畢竟事作摩生？」

歸宗云：「這一片田地，好個卓庵。」

師云：「卓庵則且置，畢竟事作摩生？」

歸宗把茶銚而去。

師云：「某甲未吃茶在。」

歸宗云：「作這個語話，滴水也消不得。」

——南唐‧靜、筠：《祖堂集》卷十六，《大藏經補編》第 25 冊，第 4114 頁。

218. **踏破多少草鞋**

師聞一老宿難親近，躬往相訪。老宿見師才入方丈，便喝。師側掌云：「兩重公案。」

老宿云：「過在什麼處？」

師云：「遮野狐精。」

便退。

師問僧：「近離什麼處？」

僧云：「江西。」

師云：「踏破多少草鞋？」

僧無對。

師與講僧吃茶，師云：「我救汝不得也。」

僧云：「某甲不曉，乞師垂示。」

師拈油餅示之云：「遮個是什麼？」

僧云：「色法。」

師云：「遮入鑊湯漢。」

有一紫衣大德到禮拜，師拈帽子帶示之云：「遮個喚作什麼？」

大德云：「朝天帽。」

師云：「恁麼即老僧不卸也。」

師復問：「所習何業？」

云：「唯識。」

師云：「作麼生說？」

云：「三界唯心，萬法唯識。」

師指門扇云：「遮個是什麼？」

云：「是色法。」

師云：「簾前賜紫，對御譚經，何得不持五戒？」

無對。

——宋·道原：《景德傳燈錄》卷十二，《大正藏》第 51 冊，第 292 頁。

219. 什麼處是孤負汝處

僧問：「如何是道？」

師曰：「太陽溢目，萬里不掛片雲。」

曰：「如何得會？」

師曰：「清淨之水，遊魚自迷。」

問：「如何是本？」

師曰：「飲水不迷源。」

問：「古人布髮掩泥，當為何事？」

師曰：「九烏射盡，一翳猶存。一箭墮地，天下不黑。」

問：「祖意與教意同別？」

師曰：「風吹荷葉滿池青，十里行人較一程。」

師有小師隨侍日久，師住後遣令行腳，遊歷禪肆，無所用心，聞師聚眾，道播他室，回歸省覲而問曰：「和尚有如是奇特事，何不早向某甲說？」

師曰：「汝蒸飯，吾著火。汝行益，吾展鉢。什麼處是孤負〔註16〕汝處？」

小師從此悟入。

師一日吃茶了，自烹一碗過與侍者。侍者擬接，師乃縮手曰：「是什麼？」

〔註16〕許多公案均有「孤負」之表述，意即今「辜負」，此書尊重原貌，不作改動。

侍者無對。

有一大德來問師：「若是教意，某甲即不疑。只如禪門中事如何？」

師曰：「老僧也只解變生為熟。」

問：「如何是實際之理？」

師曰：「石上無根樹，山含不動雲。」

問：「如何是出窟師子？」

師曰：「虛空無影像，足下野雲生。」

——宋·道原：《景德傳燈錄》卷十五，《大正藏》第 51 冊，第 324 頁。

220. 平洋淺草麞鹿成群，如何射得麞中主

師問慧全：「汝得入處作麼生？」

全曰：「共和尚商量了。」

師曰：「什麼處商量？」

曰：「什麼處去來？」

師曰：「汝得入處又作麼生？」

全無對，師打之。

全坦問：「平洋淺草麞鹿成群，如何射得麞中主？」

師喚全坦，坦應諾。

師曰：「吃茶去。」

師問僧：「近離什麼處？」

僧曰：「離溈山。曾問如何是祖師西來意，溈山據坐。」

師曰：「汝肯他否？」

僧曰：「某甲不肯他。」

師曰：「溈山古佛，子速去禮拜懺悔。」

玄沙曰：「山頭老漢蹉過溈山也。」

——宋·道原：《景德傳燈錄》卷十六，《大正藏》第 51 冊，第 328 頁。

221. 如是等運為

云：「晨朝起來，洗手面盥漱了，吃茶。吃茶了，佛前禮拜。佛前禮拜了，和尚主事處問訊。和尚主事處問訊了，僧堂裏行益。僧堂裏行益了，上堂吃粥。上堂吃粥了，歸下處打睡。歸下處打睡了，起來洗手面盥漱。起來洗手面

盥漱了，吃茶。吃茶了，東事西事。東事西事了，齋時僧堂裏行益。齋時僧堂裏行益了，上堂吃飯。上堂吃飯了，盥漱。盥漱了，吃茶。吃茶了，東事西事。東事西事了，黃昏唱禮。黃唱禮昏了，僧堂前喝參。僧堂前喝參了，主事處喝參。主事處喝參了，和尚處問訊。和尚處問訊了，初夜唱禮。初夜唱禮了，僧堂前喝珍重。僧堂前喝珍重了，和尚處問訊。和尚處問訊了，禮拜行道誦經念佛。如此之外，或往莊上，或入郡中，或歸俗家，或到市肆。既有如是等運為，且作麼生說個勿轉動相底道理？且作麼生說個那伽常在定無有不定體底道理？還說得麼？若也說得，一任說取。珍重。」

　　——宋·道原：《景德傳燈錄》卷二十六，《大正藏》第 51 冊，第 427 頁。

222. 者僧無語大好

　　上堂，舉普明用和尚。因二僧參明，問：「到此作麼？」
　　一僧曰：「特來親覲明。」
　　曰：「卻值老僧不在。」
　　僧無語。
　　明云：「三十棒自領出去。」
　　師代僧曰：「甚麼人與和尚出手？」
　　明又問：「第二僧作麼生？」
　　曰：「請和尚開示。」
　　明咳嗽曰：「卻值老僧咳嗽。」
　　僧亦無語。
　　明曰：「且坐吃茶。」
　　師曰：「者僧無語大好，痛棒為甚又與茶吃？」忽噴嚏一聲曰：「今日傷風，不然有人說我。」

　　——清·真在：《山鐸真在禪師語錄》，《嘉興藏》第 38 冊，第 425 頁。

223. 趙州逢人吃茶

　　上堂，舉趙州和尚吃茶去話頌云：「趙州逢人吃茶，誰知事出急家。反手作雲作雨，順風撒土撒沙。引得洞山無意智，問佛也道三斤麻。」讀此庵語錄偈曰：「南海波斯持密咒，千言萬語少人知。春風一陣來何處，吹落桃花三四枝。」

　　——明·文琇：《增集續傳燈錄》卷一，《卍續藏》第 83 冊，第 273 頁。

224. 既到妙峰頂，誰人為伴侶

僧問：「既到妙峰頂，誰人為伴侶？」

師曰：「到。」

曰：「甚麼人為伴侶？」

師曰：「吃茶去。」

問：「明明不會，乞師指示。」

師曰：「指示且置，作麼生是你明明底事？」

曰：「學人不會，再乞師指。」

師曰：「八棒十三。」

——清·超永：《五燈全書》卷十五，《卍續藏》第 81 冊，第 548 頁。

225. 知音知後幾人知

示眾，舉臨濟垂問：「一人在孤峰頂上，無出身之路。一人在十字街頭，亦無背面。且道那個在前，那個在後？」師召大眾：「還識臨濟老人意麼？若也不識，且看明因為你雪屈。乃驀拈竹篦，一時打散。」

上堂：「堂堂日月無今昔，蕩蕩乾坤亙古今。轉得頭來千萬里，不知誰是個中人。敢問，如何是個中人眨上眉毛？」

示眾：「雲中拍板鳴霄外，海底吹螺括地寒。滿座清風來末已，休曰雪曲和應難。」召大眾：「祇如雪曲作麼生和？歸堂吃茶去。」

示眾：「祖師心印鐵牛機，盡力拈來付與誰。渴便吃茶饑吃飯，知音知後幾人知。」

示眾，舉興化有時召僧，僧應諾。化曰：「點則不到。」或召僧，僧應喏。化曰：「到則不點。」師驀喚侍者，者應喏。師曰：「且道是點是到？」者擬議，師便打。

上堂：「童子遙詢五十三，福城東際指歸南。須知般若根非淺，學得常啼未放參。」召大眾：「且道，放參一句作麼生委？」

良久拊膝曰：「笑殺傍觀。」

——清·超永：《五燈全書》卷七十四，《卍續藏》第 82 冊，第 380 頁。

226. 一滴水墨，兩處成龍

示眾，舉女子出定話畢，乃曰：「世尊推倒女子，罔明扶起文殊，未免傍觀者哂。」

示眾，舉趙州吃茶話畢，乃曰：「到與不到，總吃茶去。」喝一喝曰：「寐語作麼，當時若有我在，一手掩住其口，看這老漢作麼生道？」

僧問：「居士曾見甚麼人來？」

士曰：「三世諸佛不欲見，何況人乎。」

曰：「脫空漫語。」

士曰：「將為你信不及。」

座主問：「如何是如來禪？」

士曰：「開權顯實。」

曰：「如何是祖師禪？」

士曰：「一棒一條痕。」

曰：「如來禪祖師禪，相去多少？」

士曰：「一滴水墨，兩處成龍。」

曰：「恁麼則總是一般。」

士曰：「又恁麼去也。」

——清·超永：《五燈全書》卷九十四，《卍續藏》第 82 冊，第 538 頁。

227. 茶話也不會

石阡中華天隱崇禪師，蜀東畢氏子，年二十四，禮破山和尚披剃。往參敏樹，樹以三頓棒話示之。師領參三載，竟無下落。復覲山，偶一士問山棒喝因緣，曰：「弟子止知其痛，而不知其地。」師挺身曰：「痛處即是地。」山顧師，復視士云：「痛處即地耶。」師從此悟入。

至晚山，又問師：「今日居士，問老僧甚麼？」師舉其問。山曰：「人前何得亂語？」師曰：「見義不為無勇。」山曰：「汝還記得老僧答的話麼？」師曰：「某甲從今不疑老和尚舌頭。」山云：「且道老僧是有說為爾不疑，是無說為爾不疑？」師曰：「更要說有說無作麼？」山云：「為憐三歲子，不惜兩行眉。」

師辭參象崖，崖問：「趙州吃茶話，上座作麼生會？」師置杯曰：「學人不會。」崖云：「聞上座同敏和尚住數年來，茶話也不會？」師起身曰：「莫道不會。」崖云：「即今作麼生？」師作禮曰：「謝和尚茶。」拂袖而出。

一日崖又問：「庭前柏樹子，上座作麼會？」師云：「能為萬象主，不逐四時凋。」崖即命頌。師信口頌云：「趙州老漢太無端，指出庭前柏樹看。只為分明人不薦，古今多少受顢頇。」

崖再命頌吃茶話。師立頌云：「堪笑趙州老作家，掘坑平地驗龍蛇。相逢盡道吃茶去，幾個曾知路不賒。」崖因留師圓具，後又將趙州訪二庵主話驗之，師復對無疑。

一日辭崖，復覲敏樹。樹見師至即問云：「爾離老僧數年，一向在何處？」師曰：「黔省。」樹云：「黔中時物，近日是賤是貴？」師曰：「和尚到時，自然曉得。」樹云：「恁麼則錯過地頭來也？」師云：「今日又來撞著者漢。」樹云：「好與汝三十拄杖。且道是賞是罰？」師曰：「棒頭有眼。」

樹一日又以靈雲悟桃花話勘驗，師對無讓，樹乃書源流付囑。

——清・如純：《黔南會燈錄》卷二，《卍續藏》第 85 冊，第 235 頁。

228. 吃茶去意旨如何

問：「吃茶去意旨如何？」

曰：「舌頭不出口。」

進云：「便是向上事否？」

曰：「掩鼻偷香。」

洪武初，蒲車徵則，赴皇都法會，則因足疾疏辭。高帝手敕曰：「無心野鶴，不忘霄漢翱翔。跛腳老僧，可任山雲自在。」乃賜還山。

——清・自融：《南宋元明禪林僧寶傳》卷十三，《卍續藏》第 79 冊，第 643 頁。

229. 莫怪真如莽鹵

臘八上堂：「明星夜夜出，臘八那年無？堪笑迦文老，無端起浪波。然則，真如今日不是隨邪逐惡也，要諸仁共知。」驀拈拄杖曰：「看看。」良久擲杖曰：「祇因妄想執著，而不證得。」

普茶示眾：「今晚普茶，菓子盡數。不管齗牙利鈍，且要個個吞吐。錯口齩著舌頭，莫怪真如莽鹵。」

觀音大士開光，上堂，豎拂曰：「花開菩薩面，草長無邊身。」擊拂曰：「爭似圓通妙，家家觀世音。」擲拂下座。

晚參：「纔過初一，十四又來。忽然半月，未免驚懷。諸兄弟，於此端的得一回。歷千差經歲月，原無二致，豈有差排。所以從上尊宿，每於茶時飯時，未嘗不風規略露，只是知恩者少。」

——清・超永：《五燈全書》卷九十五，《卍續藏》第 82 冊，第 554 頁。

230. 此語太高生

臨濟到三峰平和尚處，平問：「發足甚處？」

師曰：「黃檗。」

平曰：「黃檗近日有何言句？」

師曰：「金牛昨夜遭塗炭，直至如今不見蹤。」

平曰：「秋風吹玉管，那個是知音？」

師曰：「直透萬重關，不住青霄外。」

平曰：「此語太高生。」

師曰：「龍生金鳳子，衝破碧琉璃。」

平曰：「且坐吃茶。」

磬山鼎云：「白拈賊可謂大陣當前，不妨難御。祇如三峰茶，是醍醐是毒藥。」

弘法澤云：「臨濟毒龍頭上揩癢，猛虎口裏橫身則不無。若論擊節扣關，衝樓跨灶，還較三峰一籌。」

——清・集雲堂：《宗鑑法林》卷二十二，《卍續藏》第 66 冊，第 420 頁。

231. 登山腳膝酸，吃茶舌頭滑

瑞巖慍云：「黃龍老漢場慈不少，夏公立如入寶山空手而回。諸人要會萬物為自己，情與無情共一體麼？槌殺有情狗子，碎卻無情香桌。盡情收拾將來，與他一團束縛。拋向東洋大海，自然灑灑落落。雖然，更須知有頂門一竅始得。」拈拄杖擊香臺云：「阿剌剌，阿剌剌，登山腳膝酸，吃茶舌頭滑。十字街頭石敢當，對月臨風吹尺八。」

——清・淨符：《宗門拈古彙集》卷四十二，《卍續藏》第 66 冊，第 246 頁。

232. 更不向自己本分上看

乙亥龍湖黃檗茶話。耳城潤光法師，命門人素如輩特過圓通設茶，請師開示。師曰：「你從法席來，乃問我法耶？」

素云：「不知。」

師曰：「不知解恁麼來？」

素云：「乞大慈指示。」

師曰：「聞潤法師說《法華經》至何品也？」

素云：「壽量。」

師曰：「壽量作麼生？」

素云：「正是不知。」

師召云：「大眾，汝等遮立地底如何是壽量潯？」

鹿門法師云：「乞大師方便，使初學始有入處。」

師曰：「參學人不得入處，正以聽人說《楞嚴》便作大佛頂句看，說《法華》便作壽量句看，聞宗師說機緣便作公案句看，更不向自己本分上看，何者是我大佛頂究竟堅固，何者是我眉間光本來壽量，何者是我自己本分一段公案，只管在冊子上意言分別計較有無是非，不知特地蹉過了也，又安得有入處？不見昔者疏山問溈山：『承問和尚垂語云：有句無句，如藤倚樹，設使樹倒藤枯，句歸何處！』值溈山方泥壁，放下泥盤呵呵大笑，即歸方丈。疏山忿然曰：『某三千里外賣布單，特來參問，師何乃笑讒我也？』溈山命侍者與遮上座布單錢，令去，異日遇獨眼龍為他點破。在果疏山見隻眼明招，重舉此問。招曰：『可使溈山笑轉新。』疏山大徹曰：『元來溈山笑裏有刀。』大眾汝等，似古人聞一句言語便能自發疑情也無？若是個人見角知牛，見煙知火，又那肯逐語生解？且道疏山知得溈山語意也無？若知則不於此句更生枝節，且不以溈山為讒。若不知，卻聞此語又能發疑而舉一明三，且於明招言下悟溈山笑裏有刀。汝等參學，直須一言一事消歸自己本分，果有下落，不為三藏十二部破故紙埋沒，亦不為一千七百則爛葛藤絆殺。故古人參到極處，如上百尺竿頭，始有撒手進步斷送此命根也。其或不能，拼捨言語文字知識情解之命根，太煞頡滑，安得撲地折曝地碎哉！我如此饒舌，不過欲打草驚蛇耳，眾中還有知痛癢者麼？」

素云：「如何是蛇？」

師曰：「你遮死蛇不打。」

眾禮拜而退。

——明·道盛：《天界覺浪盛禪師全錄》卷九，《嘉興藏》第 34 冊，第 644 頁。

233. 承當個事亦不容易

黃檗塵談茶話。師在黃檗，與陳司寇以直二公圍爐。司寇公問：「向於此中用心不得明白，何也？」

師曰：「此正公不肯直下便見，要將心會道理故耳。」

公急曰：「是，是，正以觀面隔一重便不得見。」

師曰：「世出世法，皆有單刀直入之捷，才著意言分別，便惑亂也。若欲與人解惑發智，又須有善巧方便耳。如齊桓公與管仲出郊，見鬼致疾，及聞皇子告敖言，有見如此鬼者當霸，桓公輾然一笑而愈。此非分別成疾，復以意言釋疑乎？予前日正以此意作詩寄梅中丞，公或管仲佯為不見而使之乎？」

公甚奇之，因舉揚大年八角磨盤空裏走頌。

師曰：「公雖是恁麼舉，且道八角磨盤如何向空裏走驀？」

公沉思。

師曰：「向道要見，直下便見，不可向磨盤上安眼睛鼻孔也。」

公爽然喜極。次日公曰：「昨深感大師示不肯直下便見一語，乃知往往皆是自不肯承當耳！」

師曰：「承當個事亦不容易。前者與李太宰談及彼令，即當時因唐宜之與言八識不肯信，及臨終曰：『惜不能修書與唐宜之，言我今知有八識也。』予曰學貴乎自信，此正是知之為知之也。若今人聞禪便謂知禪，聞道便謂知道，此輩終身自障，不得真見禪見道也！若令即者不知，既不輕信，若肯信則必有真知矣，又安得此人與之入此道哉！」

陳公曰：「此正所謂當觀時節因緣耳。」

師曰：「古人謂時雨之化，蓋亦因其種性成熟耳。杜詩云：『欲覺聞晨鐘，令人發深省。』若非欲覺，雖每日聞鐘，熟能發深省哉！即此欲覺二字，乃千聖傳心之妙。如孔子呼曾子，唯是欲覺之候也，諸門人仍不覺耳。故能開悟者，以中心之生意未發，如桃仁杏仁之在核中，皆未有浸入之功，薰發之力，其仁中之枝葉花果皆藏隱未得發現也。故吾佛稱為悟無生法忍，忍者，仁也，藏也，即如來藏心也，以能藏萬法於一心，又能藏一心於萬法也，即無生無不生之種智也，即至誠無息天命之性也，即太極含二五之純粹精也，即歸根覆命窅窅冥冥其中有精也。不然，貞下安能復起元哉？故參必須開示悟入此歸元之旨，不然隨照愈出而愈失宗矣！」

公大喜曰：「欲覺與法忍數語，誠發千古未發。」

師曰：「此亦因機指點耳，種杏仁核正有事在。李長庚曰：『世無不知看杏花者，誰知一樹千花在此核中之仁乎？』可惜見核而紙裏之耳！吾師婆心，是誰知感！」

——明‧道盛：《天界覺浪盛禪師全錄》卷九，《嘉興藏》第 34 冊，第 645 頁。

234. 鸚鵡夢九霄，奪得鳳凰歸

壽昌諸山請茶話，師云：「日日日東上，日日日西沒。寒則普天寒，熱則匝地熱。惟有大好山，應時還及節。且道祇今是甚麼時節聲？噫！一語喚回鸚鵡夢，九霄奪得鳳凰歸。珍重。」

——明‧道盛：《天界覺浪盛禪師全錄》卷九，《嘉興大藏經》第 34 冊，第 645 頁。

235. 中有一寶

寶方茶話，舉雲門云：「乾坤之內，宇宙之間。中有一寶，秘在形山。拈山門向佛殿裏，拈佛殿向燈籠上。」雪竇云：「乾坤之內，宇宙之間。中有一寶，掛在壁上。達磨大師覷不見，覷著即瞎卻眼。」師云：「遮二老漢，撥亂乾坤即不無，若是安邦定國，尚未夢見在。祇如道盛今承寶方師翁之力，應得寶方受用又作麼生？」復云：「乾坤之內，宇宙之間。中有一寶，一體同觀。龍蛇混雜，凡聖交參。噫！無限珍奇無用處，前三三與後三三。」

——明‧道盛：《天界覺浪盛禪師全錄》卷九，《嘉興藏》第 34 冊，第 645 頁。

236. 崔顥題詩後，亦有人繼作也無

茶話，師舉長沙岑禪師：「有一秀才問曰：『弟子見千佛名經，祇見其名不知居何國土？亦化度否？』沙云：『秀才曾到黃鶴樓否？』云：『到。』沙云：『崔顥題詩後，亦有人繼作也無？』才云：『無。』沙云：『秀才閒時題取一篇好？』」

復召大眾云：「會遮秀才問麼？青蛇口裏焰。會遮長沙答麼？黃蜂尾上針。雖然如是，若有人如此問我，壽昌但答他云：『今日山中，大眾禮千佛辛勤。』

楚中廣上人聞予身外無餘之說，估自己長衣設茶供眾山僧。不著便待無人時，來與你將那一隊鷿奴白牯一一按過。且道壽昌與長沙之答有同別也無？若也會得，仙人有待乘黃鶴，若也不會，海客無心戀白鷗。」

　　——明‧道盛：《天界覺浪盛禪師全錄》卷九，《嘉興藏》第 34 冊，第 645 頁。

237. 福山茶還供得天下人吃麼

　　福山茶話，司理黃元公請。何長白問：「七星橋還在南還在北？」

　　師云：「日頭露出。」

　　士云：「落在何處？」

　　師云：「碧沼重開。」

　　黃司理問：「鄉開萬里一步為初，如何是最初一步？」

　　師云：「天風醉花鳥。」

　　進云：「如何是途中事？」

　　師云：「此句有人讀。」

　　進云：「如何是門庭事？」

　　師云：「蓮花石上說機緣。」

　　進云：「如何是堂奧中事？」

　　師豎一指。

　　進云：「到家後如何？」

　　師云：「洞庭峰頂再相敘。」

　　黃敬授問：「福山茶還供得天下人吃麼？」

　　師云：「白花浮出此冰壺。」

　　進云：「還有滋味也無？」

　　師云：「兩腋風生便是仙。」

　　進云：「七碗吃不得時如何？」

　　師云：「玉川子醉也。」

　　進云：「如何是趙州茶？」

　　師云：「盧仝不肯吃。」

　　進云：「吃後如何？」

　　師云：「脫骨換胎難。」

張拱之問：「如何是朱槿移來釋梵宮？」

師云：「峭壁本無苔。」

進云：「如何是老僧非是愛花紅？」

師云：「灑墨圖斑駁。」

進云：「如何是花開花落渾閒事？」

師云：「百萬一時盡。」

進云：「如何是祇要人知色是空？」

師云：「捨情無片言。」

——明・道盛：《天界覺浪盛禪師全錄》卷九，《嘉興藏》第 34 冊，第 645
～646 頁。

238. 請和尚吃茶

茶話，司理黃公問：「如何是後天一著？」

師云：「拈出當陽句。」

進云：「如何是先天一著？」

師云：「金錘打不開。」

進云：「莫躲在混沌無記空裏麼？」

師云：「凍雞未報家林曉。」

進云：「天開時如何？」

師云：「隱隱行人過雪山。」

進云：「地闢時如何？」

師云：「石筍穿雲路。」

公舉手云：「謝答話。」

師復問：「雲垂條意若何？」

公云：「一株獨秀。」

師云：「如何是一株獨秀？」

進云：「開花結果。」

師云：「阿誰摘得？」

進云：「請和尚吃茶。」

師云：「莫顢頇好。」

張拱之問：「古人云『無佛轉身』，和尚還有轉身處也無？」

師云：「不與外人知。」

進云：「如何是泥佛轉身？」

師云：「水裏失錢河裏撈。」

進云：「如何是金佛轉身？」

師云：「火焰頭上風車子。」

進云：「如何是木佛轉身？」

師云：「大斧劈了手摩娑。」

士禮拜師，問大眾云：「還有未到此山者麼？」

黃公云：「祇有大師未曾到。」

師云：「蒼苔古道行應遍。」

進云：「還記得舊時事也無？」

師云：「落日寒泉聽不窮。」

進云：「恁麼則與大師同行也。」

師云：「更有千峰最高處。」

進云：「遮裏不容大師。」

師云：「此心期與故人同。」

進云：「卻請大師同住。」

師云：「大好撞彩。」

黃敬授云：「恁麼則大師被古人句轉也。」

師云：「且在腳跟後走著。」

黃公云：「截斷腳跟時如何？」

師云：「逼逼地。」

公云：「如何是夫子之文章？」

師云：「滿筵道火不燒唇。」

進云：「如何是夫子之性道？」

師云：「無限清機如歷掌。」

進云：「大師還見夫子也無？」

師云：「鋸解秤錘。」

進云：「恁麼則大師無分也。」

師云：「八字少一撇。」

敬授問：「浩然之氣與凡有血氣是同是別？」

師云：「漆桶中辨取。」

何長白云：「打破漆桶後如何？」

師云：「土宿騎牛。」

——明·道盛：《天界覺浪盛禪師全錄》卷九，《嘉興藏》第 34 冊，第 646 頁。

239. 諸公了知此意，則我與公皆是戲臺上人

諸縉紳請茶話，師云：「山僧逢人莫不個個說解脫法，亦竟不得解脫者，何也？良以全身坐在現成文字道理知見窠裏，展轉反側，終是不得踢翻窠臼，如何得此身心與世法出世法相解脫哉？正如人慾運甕，須身在甕外始運得他動。若將身坐在甕裏，不惟甕運不動，而甕被我踢定，我又被甕關住，元非是甕累我，乃是我累甕也。今之治天下者，才有天下便為天下所累，惟不有天下則天下不為我累，而我且運天下於掌上矣。故唐堯見得有天下，便要以天下讓許由，許由見得有天下便恐天下所累，故寧死而辭，是二者皆以有天下，故有授受之累也。及至於藐姑射山中，見四子之無所知始，乃窅然而喪天下，乃不期逍遙而自逍遙矣。故曰列子御風，猶有所待。若彼至人，則又烏乎待哉？正以聖人無己，故無所待矣！今之參禪欲了生死，是生死為何物？乃若是黏皮綴骨，係識纏心之不可解哉！殊不知自心取自心，非幻成幻，法不取則無非幻矣，而幻化又何從立乎？諸公了知此意，則我與公皆是戲臺上人，誰僧誰俗，誰真誰假，誰是誰非之有哉？」

諸公大喜曰：「此千古之大惑，不消片語而解脫之也！婆心徹困，曷勝傾倒！」

——明·道盛：《天界覺浪盛禪師全錄》卷九，《嘉興藏》第 34 冊，第 646 頁。

240. 不若奉些趙州茶來作解酒渴

復內翰劉文季居士：讀來翰無一字一句不是《楞嚴》血脈大全之旨，一門深入妙莊嚴，彈指超無學之地者，內翰有也。且《楞嚴》乃三世諸佛之慧命，歷代祖師之關鍵，一切菩薩之要路，三界天人之眼目也。而今諸家講者尚未得於《楞嚴》之骨髓，往往不過尋行數墨、攀枝摘葉而不悟根源者，此皆是人之大病。貧道幾欲奉個捷徑醫方，便道懷州牛吃禾，益州馬腹脹，天下

覓醫人，炙豬左膊上。若是有血性男子，聞其此方用其湯藥而煎煮服之，無病不瘥，無方不效也。今時人俗物不化者多，喜老先生稱之而復有載道之器者，最喜居士好之。此是世出世間一等清高眼界也。然而內翰之別號醉和尚者，又是一等格外奇特人也。且二乘聲聞小果之人，一飲菩提酒醉，尚經八萬塵劫而不能醒，何況外道之流而更不能醒也。此是禪中之病，也是病中之禪，也是葛藤窩，絆倒而無出身之路，不到家鄉地矣。今貧道以別是一番斬新日月、特地乾坤眼目視內翰於大方之上也。久欲奉送松蘿茶來與內翰飲，誠恐是美味不中飽人吃也，而又欲奉蒙山頂上茶來吃，誠恐又是貧道私人情也，不若奉些趙州茶來作解酒渴，而作一個醒和尚也。然則和尚一醒，頂門自然眼開，必道舉世皆醉而我獨醒，舉世皆濁而我獨清，不獨《楞嚴》一部全旨，就是三藏十二部，一切修多羅在於內翰一毫頭上轉大法輪，一毛孔中而現寶王剎土，則不枉貧道為世外相親之骨肉也。特復。

——清·如相：《敏樹禪師語錄》卷十，《嘉興藏》第 39 冊，第 506 頁。

241. 不入祖師室，茫然趣兩頭

小參：「生從何處來？死從何處去？大家業識茫茫，可憐無本可據。祇如有本可據的人又作麼生？拿住布袋口，擲卻拄杖子。左手控飛龍，右足跨猛虎。亂把繡球拋，倒踞香臺舞。浪蕩不歸家，何彼復何此？彼此且置，祇如今夜茶筵，是周仲讓居士薦亡弟季材文學，且道先靈在此座筵聞法，畢竟是業識耶非業識耶？有本可據耶無本可據耶？咄，不入祖師室，茫然趣兩頭。」

——明·智闇：《雪關禪師語錄》卷一，《嘉興藏》第 27 冊，第 446 頁。

242. 猶欠盡力迸出在

元夜茶話：「歲月如環無起盡，揭翻新曆又周流。未知石筍抽條意，好趁春風迸出頭。且道迸出後如何？」

僧云：「撐天拄地。」

師云：「三莖四莖斜，一根兩根曲。你道堪作何用？」

進云：「學人不會。」

師云：「何不道舟漢成龍，去清時引鳳來？」

又問一僧：「適才維那答了也，汝又作麼生？」

僧云：「須彌掉落虛空裏，海岸蓬頭天外天。」

師云：「猶欠盡力迸出在。」

進云：「恐太孤負和尚。」

師云：「不得孤負人。」

——明·智誾：《雪關禪師語錄》卷一，《嘉興藏》第 27 冊，第 447 頁。

243. 會得枯樁耶

茶話，僧問雲門：「如何是法身邊事？」

門云：「枯樁。」

（僧問：）「如何是法身向上事？」

門云：「非枯樁。」

（雪關云：）「若論法身邊事，知有底未必能知。若論法身向上事，不知有底卻又知有。或有個知有不知有底出來，你道此人是會得枯樁耶？非枯樁耶？」

師舉起茶盞云：「張三貪杯，李四酒醉。茶鍾落地，果楪粉碎。直饒曉得正按傍提也，難與睦州老人弄唇接觜。祇如今夜茶話，為鄭若休居士報薦祖嬸周氏恭人，且道此位先靈聞法當生何處？夜明簾外難尋跡，無影峰頭不借緣。好共龐家靈照女，饑來吃飯困來眠。」

——明·智誾：《雪關禪師語錄》卷一，《嘉興藏》第 27 冊，第 448 頁。

244. 非淨非禪，即禪即淨

答卓左車茶話：「宗乘與淨土，二俱勝妙法。眾生根性異，不免隨機說。向上一著非淨非禪，即禪即淨。才言參究，已是曲為下根。果大丈夫，自應諦信是心作佛，是心是佛。設一念與佛有隔，不名念佛三昧。若念念與佛無間，何勞更問阿誰！故參究誰字，與攝心數息等，皆非淨土極則事也。淨土極則事，無念外之佛為念所念，無佛外之念能念於佛。正下手時，便不落四句百非，通身拶入。但見阿彌陀佛一毛孔光，即見十方無量諸佛。但生西方極樂一佛國土，即生十方諸佛淨土。此是向上一路。若捨現前彌陀別言自性彌陀，捨西方淨土別言惟心淨土，此是淆訛公案。經云：『三賢十聖住果報，唯佛一人居淨土。』此是腦後一錘。普賢十大願王導歸極樂，誰敢收作權乘！憶佛念佛不假方便，自得心開，誰謂定屬廉纖！但能深信此門，依信立願，依願起行，則念念流出無量如來，遍坐十方微塵國土，轉大法輪，照古照今，

非為分外，何止震動大千世界而已。欲知衲僧家事，不妨借中峰一偈通個消息。偈曰：『禪外不曾談淨土，須知淨土外無禪。兩重公案都拈卻，熊耳峰開五葉蓮。』」

——清·彭際清：《念佛警策》卷二，《卍續藏》第 62 冊，第 327 頁。

245. 和尚莫衹是會禪麼

師因與數人座主茶話次，一座主問：「師會文章否？」

師云：「不會。」

座主云：「和尚莫衹是會禪麼？」

師云：「亦不會。」

座主云：「何名長老？」

師乃與一頌：「不會文章不會禪，無知愚訥且安然。饒君妙困道無礙，亡落汾陽第二緣。」

——宋·李遵勗：《天聖廣燈錄》卷十七，《卍續藏》第 78 冊，第 499 頁。

246. 暫時作個茶話

同小參曰：「夜間洗熱涼飄飄，六月皎然滿天雪。青林日晚人歸宅，紅谷天明客喚月。一塵入正受，皓皓而向如幻三昧之中。諸塵三昧起，歷歷而得分身三昧之事也。百千法門，萬億妙義，與吾拈來一星事看。若不悉辨，浪破鋪席漢。」

霜曰：「最初兩句，法身一位之樣子；次一做到密處底模範也；次一結，又歸半途寄宿蘆江，謂之向如幻三昧中，從此相隨來而事事無礙，謂之得分身三昧事。且道什麼物恁麼得自由？與我道看，若不然，浪破鋪席漢。暫時作個茶話，聞即聞，飄飄出岫雲，濯濯洗澗月。」

——宋·明總：《淨慈慧暉禪師語錄》卷一，《卍續藏》第 72 冊，第 128 頁。

247. 今夜窄路相逢，不免烹出供養大眾去也

除夕茶話：「老僧被業風吹到鼓山，不覺已滿一年，未曾有一句佛法與諸人結緣。今當除夕，監院再三啟請，衹得於茶筵中，與諸昆仲說幾句淡話。此茶，老僧二十年前從壽昌採得，如法薰焙，如法珍藏。今夜窄路相逢，不免烹出供養大眾去也。」擊拂子一下云：「諸人若能於此領略，則世尊四十九年說

黃道白，諸祖千七百則指東話西，盡皆透過，無有其餘。如或未然，老僧再引舊葛藤，與諸人商量看。昔趙州見僧來，便問：『曾到否？』僧云：『曾到。』州云：『吃茶去。』或云：『不曾到。』州亦云：『吃茶去。』今問諸人，若見趙州時，畢竟作麼生祗對他？莫是雲和尚也不消得麼？莫是雲謝和尚指示麼？莫是便下一喝麼？莫是掩耳出去麼？今時學人伎倆，不過如此。要見趙州也大難，諸人且道，諦當一句作麼生？咦！夜靜水寒魚不食，滿船空載月明歸。夜寒，珍重。」

　　——明・元賢說，清・道霈編錄：《永覺元賢禪師廣錄》卷六，《卍續藏》
　　　　第 72 冊，第 418 頁。

248. 全在今夜折合去

　　歲夜茶話：「大眾，歲功已畢，歲運已周，全在今夜折合去。今夜已前，冰堅雪老，萬機寢削，滅也而實未嘗滅。今夜已後，桃紅柳綠，萬物咸新，生也而實未嘗生。至於今夜，大眾且道，生即是？滅即是？生滅且置，祗如生滅不相干一句，作麼生道？」良久云：「白雲影裏無聲谷，半夜烏雞帶日飛。」

　　——明・元賢說，清・道霈編錄：《永覺元賢禪師廣錄》卷六，《卍續藏》
　　　　第 72 冊，第 418～419 頁。

249. 切宜把住虛空，做這一回

　　茶話：「諸兄弟，明日初八，乃世尊成道之期。今夜設茶，送諸人入堂去。切宜把住虛空，做這一回，莫輕自退屈。須知我等與世尊，無二無別。《金剛經》云：『是法平等，無有高下。』以何為驗？」

　　拈起數珠云：「大眾見麼？你也恁麼見，我也恁麼見，釋迦老人也恁麼見。」喝一喝云：「大眾聞麼？你也恁麼聞，我也恁麼聞，釋迦老人也恁麼聞。」人人同此見聞，則人人合具有不思議事。喝一喝而大地震動，按一指而海浪沸騰，摑一棒而須彌粉碎，唾一唾而劫火頓消。如是威神，如是力用，人人具足，本無欠少。因甚世尊夜睹明星，豁然大悟，成無上尊，而我等都祗在暗地裏薩婆訶？果是何故？擊案作聲曰：「祗為分明極，翻成所得遲。」

　　——明・元賢說，清・道霈編錄：《永覺元賢禪師廣錄》卷六，《卍續藏》
　　　　第 72 冊，第 419 頁。

250. 茶果從來不易吃

茶話：「今年正月又二十，茶果從來不易吃。惟有狸奴精古怪，跳出虛空頭上立。等閒拈起一芥子，打倒鐵圍如破壁。搖頭不信少林宗，達磨是甚破驢脊。三世諸佛不知有，破廟判官手無筆。有時受盡世人虧，鑊湯爐炭都甘入。有時瞞盡世間人，釋迦彌勒俱不識。且道，他有何所得？得如是去就？咦！糊餅討甚麼汁？」

——明・元賢說，清・道霈編錄：《永覺元賢禪師廣錄》卷六，《卍續藏》第 72 冊，第 419 頁。

251. 未免白雲萬里

茶話：「世間萬法，不出心境兩種。心非有心，因境而生。境非有境，因心而得。一不獨成，二不單立，可知全為虛妄。若向這虛妄動靜裏擬議，正如向龜毛兔角裏覓影跡，有何可得？昨日有僧入方丈，卻問：『心境俱亡，復是何物？』山僧只向他舉起個扇子云：『是甚麼？』若向這裡作境會，未免白雲萬里。作心會，亦未免白雲萬里。作非心非境會，亦未免白雲萬里。畢竟作麼生會？」喝一喝！

——明・元賢說，清・道霈編錄：《永覺元賢禪師廣錄》卷六，《卍續藏》第 72 冊，第 419 頁。

252. 祖臑和尚，今年有幾多歲

茶話：「十寸為尺，十尺為丈。佛大泥多，船高水漲，個個偉儻分明，目機銖兩。忽有人問：『祖臑和尚，今年有幾多歲？還道得麼？如道不得，紫雲堂裏，也有朽床破席。』」

——明・元賢說，清・道霈編錄：《永覺元賢禪師廣錄》卷六，《卍續藏》第 72 冊，第 419 頁。

253. 不用從前殘羹餿飯

大道岩茶話：「臨濟喝收歸後架，德山棒拋向前坑，不用從前殘羹餿飯，即今大道岩頭一句，作麼生道？只把一根無孔笛，夜深吹出碧岩頭。」

——明・元賢說，清・道霈編錄：《永覺元賢禪師廣錄》卷六，《卍續藏》第 72 冊，第 419 頁。

254. 吃了莫言滋味惡

除夕茶話:「且喜歲華今結局,那堪葉落又抽枝。韓愈有文徒送鬼,賈島無餉可祭詩。至於衲僧分上事,又作麼生?北禪分歲大家知。大家知,吃了莫言滋味惡,木人夜半捉烏雞。」

——明·元賢說,清·道霈編錄:《永覺元賢禪師廣錄》卷六,《卍續藏》第 72 冊,第 419 頁。

255. 未明獅子翻身法,依舊山高水更深

唐居士設浴,請茶話:「今日唐居士為眾僧設浴,諸人各各隨例浴訖,畢竟作麼生還得浴錢去。昔有跋陀婆羅,同十六開士隨例入浴,忽悟水因,得無所有。諸人且道,渠悟個甚麼?莫是悟水無性麼?莫是悟諸塵本空,體亦常寂麼?莫是悟無能觸,亦無所觸,中間觸相,直如龜毛兔角麼?恁麼說得個儻分明,許渠作得個座主。然說食豈能飽人,畫餅不可充饑,若是親到無所得處,如來禪許渠會,祖師禪未夢見在。若到真寂門下,未免朝打三千,暮打八百。不見古人云:『頭頭上明,物物上通,猶是借句。』又云:『山河大地,明暗色空。一撚粉碎,猶是半句。』既是借句,如何得不借句?既是半句,如何得滿句?若要酬還唐居士浴錢,恐浴堂裏燈籠笑破嘴去也。諸人還知麼?鶻臭汗衫都脫下,赤條條地見當人。未明獅子翻身法,依舊山高水更深。」

——明·元賢說,清·道霈編錄:《永覺元賢禪師廣錄》卷六,《卍續藏》第 72 冊,第 416 頁。

256. 這裡無你諸人開口處

誕日茶話:「真寂生來無一竅,千聖機關俱不要。三玄拋在桑田東,五位將來埋屎窖。門庭堂奧盡掀翻,驚倒象王撒驢尿。赤手空拳要殺人,迦葉逢之不敢笑。此是老僧六十年後事,祇如六十年前事,又作麼生?」

良久云:「這裡無你諸人開口處。且聽老僧一偈:『石牛兀兀不知秋,到處雲山信步遊。兩岸煙光全不隔,古今風月一時收。』咄!」

——明·元賢說,清·道霈編錄:《永覺元賢禪師廣錄》卷六,《卍續藏》第 72 冊,第 416 頁。

257. 某甲為佛法來，不為送茶來

夾山來日上堂，問昨日新到在甚麼處，師出應諾。山曰：「子未到雲居已前，在甚麼處？」師曰：「天台國清。」山曰：「吾聞天台有潺潺之瀑，淥淥之波。謝子遠來，此意如何？」師曰：「久居巖谷，不掛松蘿。」山曰：「此猶是春意，秋意作麼生？」師良久。山曰：「看君祇是撐船漢，終歸不是弄潮人。」來日普請，維那令師送茶。師曰：「某甲為佛法來，不為送茶來。」那曰：「奉和尚處分。」師曰：「和尚尊命即得。」乃將茶去作務處，搖茶甌作聲。山回顧，師曰：「釅茶三五碗，意在鑱頭邊。」山曰：「瓶有傾茶勢，籃中幾個甌？」師曰：「瓶有傾茶勢，籃中無一甌。」便行茶。時眾皆舉目，師曰：「大眾鶴望，請師一言。」山曰：「路逢死蛇莫打殺，無底籃子盛將歸。」師曰：「手執夜明符，幾個知天曉。」山曰：「大眾有人也，歸去來，歸去來。」遂住。普請歸院，眾皆仰歎。師終於佛日，卵塔存焉。

——清·超永：《五燈全書》卷二十八，《卍續藏》第 81 冊，第 661 頁。

258. 雲門結製茶話

雲門結製茶話：「大眾，大凡衲子，一動一靜，一出一入，俱要辨明題目。題目分明，則修道不致混濫。何名題目？只如辦茶，名為結制。夫結者結同志之友，制者制伏狂心。假如在家之士，無論善良，緇素有異，非在所結之內。便如出家師友攀緣名利，涉獵俗務者，亦非所結之內。惟有發上上志，同期出世，以生死為苦，以道德為懷，得失不動其心，名利不干其慮。如是千萬中難得一二者，與其結之，是為生死之友也。其猶亂世結盟以拒群盜者，一苟得其友矣。若不立誓，制伏其心，雖結奚為？故須制其貪心、嗔心、癡心、名利心、是非心、得失心、掛礙心、疑惑心、狂亂心，一切制伏，不令再起。如一刀斬一握絲，一斬一切斷，更無不斷者。如是用心，不假功程，便同本得。天然自性，豈假強求，求得之者，得亦不真。說個用功，早遲八刻，苟無如是利根，且把本參話頭頓在面前，晝夜挨拶，以悟為期。忽爾開明，不枉今日之結友也。故茶猶齋，齋者齊也，齊心辦道，以茶為制。春秋歃血立盟，實有仿于道人之意耳。」

——明·明凡錄：《湛然圓澄禪師語錄》卷四，《卍續藏》第 72 冊，第 795 頁。

259. 若是逢茶說茶，逢飯說飯，滑弄唇皮，成何了辦

茶話：「古人慎重大法，發語行事如守瓶口，相似不亂瀉水，雲居老人道得者，不輕微明者不賤用，若是逢茶說茶，逢飯說飯，滑弄唇皮，成何了辦？祇饒合得嘴盧都，也是凍殺當年立雪漢，所以道恁麼也不得，不恁麼也不得，恁麼不恁麼總不得，拈開三段便有出身之路。出身且置，祇如二祖大師云：『我自調心，非關汝事。』與麼道較當時立雪光景是同是別？肝腸烹煉過，火鑊冷如水。」

——明·智誾：《雪關禪師語錄》卷二，《嘉興藏》第 27 冊，第 451 頁。

260. 還有疑情頓釋底麼

晚參：「蚖蛇戀穴，固是不堪評品。撩起便行，亦非後人模範。衲僧家毋固毋必，毋取毋舍，可行則行，可住則住。其住也不離寶華王座，遍現天上人間。其行也歷盡塵沙刹海，依然不出戶庭。且道，衲僧家有何長處得如是自在？」

擊拂云：「自從舞得三臺後，拍拍元來總是歌。」

（又云：）「昔文殊師利菩薩問維摩居士云：『菩薩於生死有畏，當何所依？』士云：『當依如來功德之力。』殊云：『菩薩依於如來功德之力，當何所住？』士云：『當住度脫一切眾生。』大眾，維摩居士固是古佛再來，遊戲生死海中，隨類度脫，得大無畏。祇如文殊是會了恁麼問？不會恁麼問？若道是會了問，既是會了又問作麼？若道是不會，文殊為七佛之師，焉有不明此段道理？者裏著得隻眼，便見文殊維摩同坑無異土。昨熊少宰來書云：『客冬因大襄勞頓，不及赴參請之末，質問疑義。特寄淨資，設茶供眾，兼命茶話。』大眾即今茶已吃了，話已說了，還有疑情頓釋底麼？知音不在頻頻舉，達者還須暗裏驚。」

——明·真哲：《古雪哲禪師語錄》卷四，《嘉興藏》第 28 冊，第 326 頁。

261. 許汝吃茶

師誕日茶話：「囥地一聲無從來，鼻頭氣斷無從去。我欲對眾話無生，眾人謂我懸弧日。汝等作麼道？」

一僧云：「某甲道不得。」

師云：「許汝吃茶。」

——明·慧機：《慶忠鐵壁機禪師語錄》卷四，《嘉興藏》第 29 冊，第 587 頁。

262. 舍利塔中誐誐喃，阿耨池邊哆哆哩

茶話，監院請云：「今日清明佳節，禪眾設茶供養，伏請和尚垂慈，資薦開山實相。」

師云：「實相比丘建大佛剎，欲開選佛之場，不覺涅槃已至，幸得兒孫輩延老僧，垂手云集，方來即今，如何薦拔？」良久云：「舍利塔中誐誐喃，阿耨池邊哆哆哩。」

——明·鐵眉：《鐵眉三巴掌禪師語錄》卷一，《嘉興藏》第 29 冊，第 680 頁。

263. 和尚分中還有圓缺否

月下設茶，眾請開示。維那問：「靈山畫月，曹溪指月與金山夜月是同是別？」

師云：「一雙箸子兩邊分。」

進云：「和尚分中還有圓缺否？」

師便喝。

進云：「究竟如何？」

師云：「覺來遊戲非遊戲，老胡擔著閒家具。波斯夜半嚼寒水，說與諸人猶不識。若也識得，雲裏帝城雙鳳闕。其或未然，雨中春樹萬人家。」

——清·嵩：《耳庵嵩禪師語錄》卷一，《嘉興藏》第 29 冊，第 686 頁。

264. 觸著磕著，總是尋常

茶話，僧問：「雲門趙州即不問，善惡不相涉還該句也無？」

師云：「泥龍入海經濟事。」

進云：「未出方丈意如何？」

師云：「火裏藏水雅致殊。」

進云：「恭賀和尚萬福。」

師默然，復舉川禪師云：「終日忙忙，那事無妨。不求解脫，不樂天堂。但能一念歸無念，高步毗盧頂上行。川老師未免墮坑落塹，山僧則不然，終日忙忙，那事須防。觸著磕著，總是尋常。但得眉毛分八字，娑婆何地非西方？山僧恁麼道，還有出身處也無？」

喝一喝，云：「向道莫行山下路，果聞猿叫斷腸聲。」

——清·嵩：《耳庵嵩禪師語錄》卷一，《嘉興藏》第 29 冊，第 686 頁。

265. 會吃莫教動口牙

茶話，舉盞子示眾云：「雲門餬餅趙州茶，會吃莫教動口牙。若有一人打濕嘴，罰油斤半付當家。」

——明·元：《三峰半水元禪師語錄》卷一，《嘉興藏》第 38 冊，第 554 頁。

266. 若無，山僧自道去也

茶話：「雲門餅，趙州茶，二物曾拈驗作家。若是超群敵勝子，方能解吃不黏牙。」顧視左右云：「還有道得麼？若無，山僧自道去也。粗餐易飽，細嚼難饑。」

——清·明說，清尚編：《幻住明禪師語錄》卷二，《嘉興藏》第 38 冊，第 990 頁。

267. 且道綻後如何

茶話：「昆玉精勤設普茶，重重錦上更添花。滿盤羅列從餐盡，三條椽下綻心花。且道綻後如何？依舊眼橫鼻直。參。」

——清·明說，清尚編：《幻住明禪師語錄》卷二，《嘉興藏》第 38 冊，第 990 頁。

268. 且道如何是無生句

茶話：「三才品匯孰稱尊，貴在無心達道人。即此眾中何所委，年從此際賀無生。且道如何是無生句？」良久，云：「聊將偈贊無生意，一炷清香滿石樓。」

——清·明說，清尚編：《幻住明禪師語錄》卷二，《嘉興藏》第 38 冊，第 990 頁。

269. 飽餐覿面認真人

茶話：「三祇果滿供三尊，飯眾禪那並應真。到口不須重擬議，飽餐覿面認真人。」

——清‧明說，清尚編：《幻住明禪師語錄》卷二，《嘉興藏》第 38 冊，第 990 頁。

270. 明星當午照，子夜日頭出

茶話：「一二三四五六七，七六五四三二一。明星當午照，子夜日頭出。光射老瞿曇，三歎無倫匹。」舉拂子召眾云：「如何是無倫匹底句？持戒參禪超生死，摩訶般若波羅蜜。」

——清‧明說，清尚編：《幻住明禪師語錄》卷二，《嘉興藏》第 38 冊，第 990 頁。

271. 幾月苦茶，一杯噴雪

設供：「閉門風雨相看啞，倚柱雷霆亦不聞。豈非蕭江相見一絕，看不盡時皆壁立，到無餘地一潭收。豈非梅陂相賞一絕，青又庵裏幾月苦茶，今日面前一杯噴雪。不如仍舉碗撻丘，作供親切。旁觀者痛笑老人失卻靈芝骨血，我則謂即今一問脫穎尤捷。噫！眼淚落也，復有何說，象石橋流，為汝嗚咽！」

——明‧愚者（方以智）：《青原愚者智禪師語錄》卷三，《嘉興藏》第 34 冊，第 834 頁。

272. 其或未然，且向葛藤裏薦取

摘茶示眾，拈拄杖召眾云：「還識拄杖子麼？枝枝挺秀，葉葉流芳。含種於象帝之先，合根為千差之本。時至自彰，造化不能秘其妙，直得南山北嶺翠色蔥蔥，自邇而遠，山川未足囿其芳。異日上國，名邦香風颼颼。恁麼百草頭邊漏泄，意氣全彰，萬峰頂上埋藏，清光溢目。若於此會得，盧全腋下風生，趙州應須吃棒。其或未然，且向葛藤裏薦取。」

——清‧定洌：《古梅洌禪師語錄》卷下，《嘉興藏》第 39 冊，第 805 頁。

273. 我今日困，一點氣力也無

師與密師伯鋤茶園，師擲下鐝頭曰：「我今日困，一點氣力也無。」

伯曰：「若無氣力，爭解恁麼道得？」

師曰：「汝將謂有氣力底是也。」

——宋・良價說，日・慧印校訂：《筠州洞山悟本禪師語錄》，《大正藏》
第 47 冊，第 509 頁。

274. 為佛法，究自己，須如佛日

佛果拈云：「為佛法，究自己，須如佛日。據祖位，振宏綱，要似夾山。明窗下，拄杖頭，深山裏，鑱頭邊，豈不是龍象蹴踏，奇特大事耶！還知落處麼？他家自有青山在！」

正覺云：「會麼？不見道義重，清茶也醉人，只是普請不了。」

佛海云：「不為送茶來，為佛法來，何得狼籍太甚。遂使摘茶，翻成不了。還見結角羅紋，箭鋒相直麼？萬人齊指處，一雁落長空。」

——宋・祖慶：《拈八方珠玉集》卷三，《卍續藏》第 67 冊，第 688 頁。

275. 須知滋味始得

僧問：「拈槌舉拂即且置，和尚如何為人？」

師曰：「客來須接。」

曰：「便是為人處也？」

師曰：「麤茶澹飯。」

僧禮拜。

師曰：「須知滋味始得。」

——明・通容：《五燈嚴統》卷十七，《卍續藏》第 81 冊，第 179 頁。

276. 洞山茶碗裏有太保，太保茶碗裏有洞山

洞山因都監大保問：「眼處入正受，諸塵三昧起，此意如何？」

洞山云：「洞山茶碗裏有太保，太保茶碗裏有洞山。」

太保無語，卻將此語問谷隱，隱云：「不落無言說。」問延慶，慶云：「喚甚麼作三昧？」

師云：「一個老婆禪，一個新婦禪，一個女兒禪，總被太保折倒了也。」

——明・明盂：《三宜盂禪師語錄》卷七，《嘉興藏》第 27 冊，第 48 頁。

277. 閒茶飯吃了多少

覺王立云：「掀翻從前寶惜，徹見本地風光。閒茶飯吃了多少，始見徑山立地。可悲可笑！檢點得出，許你具透關眼。」雲漢滿云：「豁然地陷，死水不藏龍。古柏觸翻，脫盡娘生褲。便見徑山立地處，更須三十烏藤。即今還有俱如是作者麼？」良久云：「蒼天，蒼天！」

——清・集雲堂：《宗鑒法林》卷三十五，《卍續藏》第 66 冊，第 492 頁。

278. 山僧今日摘茶忙

僧問：「如何是雲峰境？」

師〔註17〕曰：「木頭鳥崖頭，窺著雲來去。」

曰：「如何是境中人？」

師曰：「乾坤雙眼裏，日月寸心中。」

曰：「人境句已蒙垂示，露柱適才向和尚道甚麼？」

師曰：「後園牛吃菜。」

僧擬進語。

師曰：「山僧今日摘茶忙。」

禮拜了退。

——清・超永：《五燈全書》卷八十八，《卍續藏》第 82 冊，第 488 頁。

279. 何不教伊自煎

雲岩煎茶次，道吾問：「煎與阿誰？」

師曰：「有一人要。」

曰：「何不教伊自煎？」

師曰：「幸有某甲在。」

——清・集雲堂：《宗鑒法林》卷五十七，《卍續藏》第 66 冊，第 627 頁。

280. 著伊吃茶參堂，豈等閒立腳

德山和尚示眾云：「道得三十棒，道不得三十棒。」臨濟問侍者：「為什麼道得三十棒，道不得三十棒？若打，接住送一送看如何？」侍者至彼理前

〔註17〕湖南武攸雲山別雲峰十虛竺禪師。

問，德山便打，侍者接住送一送。德山歸方丈，侍者回舉似，臨濟云：「我從來疑者漢，雖然，還見德山麼？」侍者擬議，濟便打。

　　學者看古人方便通個消息，於臨濟德山用處討個下落，然後蒲團深藏機智，或有個不然漢，看他又不是此等。尋常知見，卻要向德山臨濟未發機前，坐他二老舌頭，使有棒舉不起，有口開不得。老僧記得昔因二講主舉此機緣，贈以偈云：「臨濟德山太潦草，古今天下何處計。月照中山猿夜啼，明暗色空依子卯。講師講得講不得，得與不得三十棒。五音六律從渠唱，所以問禪道佛法。」文章世諦，總要當機利害處發明始得，不然則吾道凌替。老僧諦觀從上古德，個個於此參學，鮮有一人不受大苦行腳。入門入室，便受師家打罵，千磨百難，只是令伊無一點參禪氣息。然後著伊吃茶參堂，豈等閒立腳。如今學者，飽著一肚禪道我慢，一味莽撞。及其於未相見時，計較百端，不知心地所蘊，盡是一團生死。老僧曾與禪者說，你等擔包負苦，禮善知識究生死。如禪者未見老僧及到此處，動靜語言，偷心伎量，只此便是生死根本，不如放下所來之念，一味平等尋常，都無計較伎倆。從生至死，這裡便是出生死處。一大藏教，千七百機，無過教人如此。老僧看來，若論向上透關一著，且不管你悟與未悟，迷與未迷。德山臨濟盡用古機，總不出你當人一念之處。思此添一事不得，減一事不得。大力量漢問老僧說，一擔而去，豈不慶快。經云：「狂心不歇，歇即菩提。」

　　——明‧善堅：《古庭禪師語錄輯略》卷二，《嘉興藏》第 25 冊，第 247 頁。

281. 不可隱細用粗，匿新使敝

　　凡薰修楞嚴究竟懺法，不須別作佛事，不必申奏表牒，不用金銀錢袱，不動鐃鈸雲鑼。但當延名僧善士，朗誦懺文，靜觀罪性，觀想佛像，至誠禮拜，必致感應。夫水清月現，鏡淨象生。克念在我，無有不如願者矣。一隨力陳設佛像、菩薩像、羅漢像、諸天護法像、淨水、淨茶、淨鏡、名香、燈燭、時華、時果、時蔌、三德之飯、六味之蔬，凡室中所有珍寶妙物、鮮潔緞帛，悉要列供。

　　——明‧禪修：《依楞嚴究竟事懺》卷一，《卍續藏》第 74 冊，第 521 頁。

282. 看亂走底

　　師在大龍為知客，李殿院到山。茶話次，問師：「知客是長老鄉人？」

師云：「不敢。」

院云：「且在者裏不得亂走。」

師云：「本為行腳。」

院云：「行腳為甚事？」

師云：「看亂走底。」

院微笑。

——宋·惟蓋竺編：《明覺禪師語錄》，《大正藏》第 47 冊，第 677 頁。

283. 秧已長，茶已老

上堂：「秧已長，茶已老。久雨忽然晴，農夫愁頓掃。大眾，農夫固是，衲僧如何？曉看白頭東畔出，商量作務鬧浩浩。」

——明·弘瀚：《博山粟如瀚禪師語錄》卷一，《嘉興藏》第 40 冊，第 451 頁。

284. 普茶囑託

師設普茶囑託，乃云：「老僧今日設茶，有所付託。」遂舉：「趙州問僧云：『曾到此間否？』僧云：『曾到。』州云：『吃茶去。』又問僧云：『曾到此間否？』僧云：『不曾到。』州云：『吃茶去。』所以老僧設一杯茶，使汝諸人各各蕩了嘴唇。汝等可知否？此是第一等付託。第二汝等堂內禪師，各各用心做工夫參禪，發明心地，使慧命有所賴。此是第二等付託。第三內外一切職事，各各為常住，為法門，為眾生，要永遠堅固。此是第三等付託。第四湖州及長興眾居士，各各護持佛法，護持錢糧，他日俱是龍華會上人。此是第四等付託。各各記取！」

僧問：「如何是第一付託？」

師云：「茶碗乾到底。」

（僧問：）「如何是第二付託？」

師云：「一呷三口。」

（僧問：）「如何是第三付託？」

師云：「賞你一個圓眼。」

進云：「恁麼則人人撐天拄地去也！」

師便打，僧一喝，禮拜。師呵呵。

唐祈遠居士問：「盡大地是個自己屋裏，為甚麼要回九華？」

師云：「也少這一瓣香不得。」

士云：「恁麼則和尚元不離弁山，弟子常得親覲。」

師云：「善哉善哉，付託有在。」

士禮拜。

——明·明雪：《入就瑞白禪師語錄》卷五，《嘉興藏》第 26 冊，第 769 頁。

285. 且道過在什麼處

上堂云：「天已明，僧已到。性惺惺，斷煩惱。爾道斷煩惱即是？不斷即是？」

上堂云：「不怕寒，不怕熱，為參請。且道參阿誰？」

上堂云：「雷驚蟄戶，萬物發萌。杲日當軒，人心不昧。為什麼？無眼人不照，且道過在什麼處？」

上堂云：「雪消雲散盡，霧卷日當天。吃茶去。」

上堂云：「一輪才出海，萬類盡沾光。吃茶去。」

上堂云：「朝參暮請盡尋常，不落言詮，作麼生道？」

——宋·楚圓集：《汾陽無德禪師語錄》，《大正藏》第 47 冊，第 607 頁。

286. 歷村和尚煎茶

示眾云：「知時別宜，堪作闍黎。因便截勢，解作活計。向此分點處有品嘗知味者麼？」

舉歷村和尚一日煎茶次，（沙彌童行不得氣力。）僧問：「如何是祖師西來意？」（盧仝七椀，趙老三杯。）師舉起茶匙子。（信手拈來用最親。）僧云：「莫這個便當麼？」（錯會衲僧多。）師擲向火中。（放去較危，收來太速。）

師云：「打皷弄琵琶，相逢兩會家。歷村老，不歇心，這僧少，當努力。然則旋汲清泉，慢生活火，煮鳳餅而要知回味，烹蠏眼而恐滯咩邪？這僧果然見義勇為，當仁不讓，向瓊甌泛雪、玉盞翻雲處便問：『如何是祖師西來意？』既詢上灶，必吐衷腸，不免當筵兩手分付。不問曾到不曾到，論甚吃來不吃來。為問西乾，大開東閣。這僧果要清神爽氣，祛睡降魔。便道莫這個便當否，是他絕是非老手舊肬脺，豈肯教黏牙著齒，惹草沾風。遂擲向火中任伊眨剝，秀出雨前勲賞鑒。名高天下少知音，賴遇花嚴同來把銚。」頌曰：「煎

茶未了人來問，（並忙合鬧。）拈起茶匙呈似他。（不勞費力。）當初若遇收燕手，（君子悔前。）性命難存爭奈何。（小人悔後）」

師云：「拈匙並舉筯，運水及搬柴。妙用縱橫處，頭頭總不乖。汝豈不聞，興教小壽禪師因墮薪而悟。有頌曰：『撲落非他物，縱橫不是塵。山河及大地，全露法王身。』此與一切智智清淨無二，無二無二分，無別無斷故，豈兩樣邪！這僧伸問西來祖意，恰似大悲閣下欲覓中都。雖是當局者迷，怎不教傍觀者哂！所以拈起茶匙覿面分付。這僧若是個懆性漢，便好奪來折作兩截，免教胡抄亂抄拈起放下。果被投子點罰道：『當時若遇收燕手，性命難存爭奈何！』非無赫趙機謀運籌作略，大似人不知己過，牛不知力大。辜負己靈，埋沒家寶，深為可惜！咦！林泉雖恁麼心切，口苦心甜幾個知！」

——宋·性一集：《林泉老人評唱投子青和尚頌古空谷集》，《卍續藏》第67 冊，第 309 頁。

287. 和尚家風

問：「如何是衲僧急切處？」

師曰：「不過此。」

問曰：「學人未問已前，請師道。」

師〔註18〕曰：「噎。」

問：「如何是一塵入正受？」

師作入定勢。

曰：「如何是諸塵三昧起？」

師曰：「汝問阿誰？」

問：「如何是一路涅槃門？」

師彈指一聲，又展開兩手。

曰：「如何領會？」

師曰：「不是秋月明，子自橫行八九。」

問：「如何是和尚家風？」

師曰：「飯後三碗茶。」

——宋·普濟：《五燈會元》卷九，《卍續藏》第 80 冊，第 194 頁。

〔註18〕吉州資福如寶禪師。

288. 一色邊事

雪岩上堂：「寒風凜冽，遙空下雪。非但紅爐焰上莫覓蹤由，逗入蘆花深處猶難辨別。到這裡十個有五雙盡道明一色邊事，殊不知正是空中花，眼中屑，天寒人寒，巡堂吃茶。」

拈云：「一色若消，方名尊貴。重重指注，也太無端。天寒人寒，誰耐煩要吃茶！」

——清·淨挺：《雲溪俍亭挺禪師語錄》，《嘉興藏》第 33 冊，第 768～769 頁。

289. 再吃杯茶

湛如上人設茶，請示眾。

（象田禪師云：）「盡十方世界是個自己，爭奈諸人不委，只得強你看個念佛的是誰，大似按牛頭飲水。前日也按牛頭飲水，今日也按牛頭飲水，後日也按牛頭飲水，後後日也按牛頭飲水。且教日日只如此，卻如夢裏合眼跳黃河。人人將謂逃生死，一朝忽地醒將來。嘖，只道有多少奇特，元來只是這般底脫卻籠頭，謝卻角馱，捩轉面皮當處作主！從前許多淆訛公案解交不得的，當下如冰釋耳。今夜湛如上人設茶，復請山僧示眾，簡點將來，大似佛殿裏屙屎。眾中或有未盡然者，不妨再潑一杓惡水。往往謂念佛參禪不同，誰道參禪念佛不二？當知參禪參此心也，念佛念此心也。蓋參禪者，貴乎心如牆壁，方可入道。念佛者，貴乎一心不亂，始得三昧。若得心如牆壁，自然一心不亂。若得一心不亂，自然心如牆壁。豈有二哉！所以古德道：『參禪為了生死，念佛亦為了生死。』要在生死切則信心切，信心切則參念切，參念切則一心不亂，一心不亂則無一法當情，無一法當情則惟心淨土、本性彌陀現前。本性彌陀既現前，見色時則彌陀眼家出現，聞聲時則彌陀耳家出現。乃至分別法時，則彌陀意家出現。然彌陀既在六根門頭出現，則六塵自淨，眼見色則色乃淨土，耳聞聲則聲乃淨土，乃至意分別法則法乃淨土。六根六塵既如是，則六識亦如是，要且不離穢土而見淨土。是故一句彌陀，有如是威光，如是妙用，能使上根者直下薦取，等諸佛於一朝，越三祇於片念。中下者不妨漸修漸證，至於匹夫匹婦，亦可與知與能。大矣哉！阿彌陀歟！」

僧問：「既云惟心淨土，本性彌陀，為甚麼教中又道『從是西方過十萬億佛土』？」

師云：「從是西方過十萬億佛土。」

進云：「又道人人本具，個個圓成，為甚麼學人不會？」

師云：「人人本具，個個圓成，為甚麼不會？」

進云：「恁麼請大眾護念彌陀，再吃杯茶去。」

師乃高聲叫云：「大眾再吃杯茶。」

僧禮拜。

——明・淨癡、本致輯錄：《象田即念禪師語錄》，《嘉興藏》第 27 冊，第 160 頁。

290. 心造坐不得

長慶和尚，嗣雪峰，在福州。師諱慧棱，杭州海鹽縣人，姓孫，年十三出家。初參見雪峰，學業辛苦，不多得靈利，雪峰見如是，次第斷他云：「我與你死馬醫法，你還甘也無？」

師對云：「依師處分。」

峰云：「不用一日三度五度上來，但知山裏燎火底樹橦子相似，息卻身心，遠則十年，中則七年，近則三年，必有來由。」

師依雪峰處分，過得兩年半。有一日，心造坐不得，卻院外繞茶園三匝了，樹下坐，忽底睡著。覺了卻歸院，從東廊下上，才入僧堂，見燈籠火，便有來由，便去和尚處。和尚未起，卻退步，依法堂柱立，不覺失聲。大師聽聞，問：「是什摩人？」師自稱名。

大師云：「你又三更半夜來者裏作什摩？」

對云：「某甲別有見處。」

大師自起來開門，執手問衷情，師說衷情偈曰：「也大差！也大差！卷上簾來滿天下。有人問我會何宗，拈起拂子驀口打。」

——南唐・靜、筠：《祖堂集》卷十，《大藏經補編》第 25 冊，第 3066～3077 頁。

291. 䤅茶三兩椀

陸希聲相公欲謁師，先作此○相封呈。師開封，於相下面書云：「不思而知，落第二頭；思而知之，落第三首。」遂封回。

公見即入山，師乃門迎。公才入門，便問：「三門俱開，從何門入？」

師云：「從信門入。」

公至法堂，又問：「不出魔界，便入佛界時如何？」

師以拂子倒點三下，公便設禮。

又問：「和尚還持戒否？」

師云：「不持戒。」

云：「還坐禪否？」

師云：「不坐禪。」

公良久。

師云：「會麼？」

云：「不會。」

師云：「聽老僧一頌：滔滔不持戒，兀兀不坐禪，醲茶三兩椀，意在钁頭邊。」

師卻問：「承聞相公看經得悟是否？」

云：「弟子因看《涅槃經》有云『不斷煩惱而入涅槃』，得個安樂處。」

師豎起拂子，云：「祇如這個作麼生入？」

云：「入之一字也不消得。」

師云：「入之一字不為相公。」

公便起去。（法燈云：「上座！且道入之一字為甚麼人？」又云：「相公且莫煩惱。」雪竇顯於仰山舉拂處別云：「拂子到某甲手裏也。」又別後語云：「我將謂爾是個俗漢。」）

——明・郭凝之輯：《袁州仰山慧寂禪師語錄》，《大正藏》第 47 冊，第 584 頁。

292. 猶有前後在

師到虔州處微，處微問云：「汝名甚麼？」

師云：「慧寂。」

處微云：「那個是慧？那個是寂？」

師云：「祇在目前。」

處微云：「猶有前後在。」

師云：「前後且置，和尚見個甚麼？」

處微云：「吃茶去。」

　　——明·郭凝之輯：《袁州仰山慧寂禪師語錄》，《大正藏》第 47 冊，第
　　585 頁。

293. 請和尚茶堂裏吃茶

　　舉，雲門一日問：「明教今日吃得幾個餬餅？」

　　教云：「五個。」

　　門云：「露柱吃得幾個？」

　　教云：「請和尚茶堂裏吃茶。」

　　（投子青禪師頌古云：）〔註19〕「等閑垂借問端由，不負平生盡吐酬。
竭力為人須是徹，方知茶味解人愁。」

　　——元·釋海島：《四家錄》，《國家圖書館善本佛典》第 49 冊，第 156 頁。

294. 園裏茶芽旗槍競展

　　挺然自暉覺源，眾耆舊請上堂。僧問：「佛頂至高，誰人能到？」

　　師云：「春日自暉空。」

　　問：「翠岩佛法大師子吼，佛頂宗風如何舉揚？」

　　師云：「雲有出山勢。」

　　進云：「殺人刀，活人劍，如何是殺活底意旨？」

　　師云：「前三三，後三三。」

　　乃云：「竹邊筍稚漸露鋒鋩，園裏茶芽旗槍競展。乃至岸柳含煙，庭華笑
日，一一呈淨妙法身，頭頭示西來大意。因甚南泉斬卻貓兒？大眾試道看。」

　　眾下語畢。師卓拄杖云：「百華落盡啼無盡，更向亂峰深處啼。」

　　——明·真哲：《古雪哲禪師語錄》卷九，《嘉興藏》第 28 冊，第 349 頁。

295. 參禪意在了生死

　　炳宇姜居士設茶，請示眾。

　　（象田禪師云：）「世上萬般皆小事，惟有參禪是大事。參禪意在了生死，
諸人生死了也未？話頭卻是取燈子，點著炳然照海宇。回此光明反照看，物物
頭頭皆自己。皆自己，忘彼此，祇要諸人心自委。但得心空及第時，始知佛種

〔註19〕括號內數字原文無，為筆者補充說明。

從緣起。炳宇居士慕龐老，慕龐老，君財莫沉湘水好。將來施與轉法輪，二施之功非小小。了得三輪體本空，即此便是無上道。今夜炳宇設茶，仍請山僧示眾。記得高峰和尚道：『資生貴圖求富，參禪貴圖求悟。參禪若同資生，個個超佛越祖。』甜瓜徹蒂甜，苦瓜連根苦。吾聞居士善能作家，又慕禪道，可謂佛法世法打成一片，乃甜瓜徹蒂甜也。雖然如是，且道龐居士問馬祖：『不與萬法為侶者，是甚麼人？』祖云：『待汝一口吸盡西江水，向汝道意旨如何。』」

僧問：「心空及第且置，佛種從緣起，請師再舉。」

師云：「香煙書梵字。」

進云：「不因修竹吟風弄，怎解孤松吼太虛？」

師云：「好詩句。」

——明・淨癡、本致輯錄：《象田即念禪師語錄》，《嘉興藏》第 27 冊，第 160 頁。

296. 吃茶如意

師誕日，蓮宗禪人設茶，請示眾。

（象田禪師云：）「養愚端的在蘿間，終日無心思往還。雨滴喬松聲歷歷，風疏修竹韻珊珊。因觀流水心常寂，為玩浮雲夢亦閒。滿座嘉賓豈偶而，煮茶相共話青山。」

豎如意云：「大眾，今日是我如意師兄誕日，蓮宗上人特特設茶，而幸嘉賓畢聚，亦莫大之緣也。諸仁者欲識佛性義，當觀時節因緣。今既是我如意師兄降誕時節，便好識佛性義，發如意信。既信入已，更當修如意行，成如意事，作如意福，滿如意願。至於如意了達，如意證入，則世出世法，莫不如意。還信麼？信則法法皆如意，究竟般若波羅密。」

僧問：「佛性義師已道了，祇如今夜上坐下陪主賓奉向，且道是向上事否？」

師云：「吃茶如意。」

進云：「燒破燭痕紅滴滴，何人不吃趙州茶？」

師云：「吃果如意。」

進云：「即此月冷香沉、風高樹蕭，又作麼生是茶罷一句？」

師云：「知音不在重重舉，達者應須暗裏驚。」

——明・淨癡、本致輯錄：《象田即念禪師語錄》，《嘉興藏》第 27 冊，第 160 頁。

297. 輾山茶，大家啜

上堂云：「上士一決一切了，中下多聞多不信。大眾，上士一決，決個什麼？中下不信，不信個什麼？不須信，不須決，今朝又是季秋月。看看籬下菊花黃，待到重陽與君折。輾山茶，大家啜，何須更要趙州說。」久立。

——宋・惟白：《建中靖國續燈錄》卷十一，《卍續藏》第 78 冊，第 707 頁。

298. 自古齋僧怕夜茶

上堂：「達磨來時，此土皆知梵語。及乎去後，西天悉會唐言。若論直指人心，見性成佛，大似羚羊掛角，獵犬尋蹤。一意乖疏，萬言無用。可謂來時他笑我，不知去後我笑他。唐言梵語親分付，自古齋僧怕夜茶。」

——宋・普濟：《五燈會元》卷二十，《卍續藏》第 80 冊，第 422 頁。

299. 十二時中如何合道

上堂，舉九峰，因僧問：「十二時中如何合道？」峰曰：「無心合道。」僧曰：「畢竟如何？」峰曰：「土上覓泥猶自可，波中求水實堪憐。」

師頌曰：「輕言合道貴無心，餉午茶煙透竹林。切訝故人深在望，野雲風雨到如今。」

——清・淨範：《蔗庵範禪師語錄》，《嘉興藏》第 36 冊，第 940 頁。

300. 你更設一堂茶始得

師在僧堂內吃茶，問設茶僧云：「什麼處安排？」僧指板頭云：「在這裡。」師云：「你更設一堂茶始得。」無對。

代云：「近日錢難得。」又云：「小財不去，大財不來。」又云：「上開下板頭。」

——宋・賾藏：《古尊宿語錄》卷十八，《卍續藏》第 68 冊，第 116 頁。

301. 至道無文，至理無說

興濟堂茶話：「至道無文，至理無說。無說無文，是何妙訣？閉門造車，出門合轍。如豹澤毛，如龍蟄穴。鼓浪乘風，江河倒決。轉妙旋玄，其機始徹。一棒當頭，破皮出血。擔板不圓，祇得這橛。機權變化，不思議舌。會

盡淆訛，眾流可截。且道截斷眾流底人是何手段？不曾過水口，那識是淵關！」

——明・智誾：《雪關禪師語錄》卷二，《嘉興藏》第 27 冊，第 456 頁。

302. 上士相見，一言半句如擊石出火

師在靈隱，諸院尊宿，茶筵日，眾請升座。僧問：「禪侶盡臨於座側，未審師還說也無？」

師云：「寰中天子，塞外將軍。」

進云：「恁麼則一震雷音滿大唐也。」

師云：「看取令行。」

師乃云：「上士相見，一言半句如擊石出火，瞥爾便過，應非即言定旨，滯句迷源。從上宗乘合作麼生議論？值得三世諸佛不能自宣，六代祖師全提不起，一大藏教詮注不及。所以棒頭取證，喝下承當，意句交馳，並同流浪。其有知方作者，相共證明。」

——宋・惟蓋竺編：《明覺禪師語錄》，《大正藏》第 47 冊，第 669 頁。

303. 寒泉品後煮茶香

峰問五位君臣：「既是闡揚不少，為甚又說個五位王子？畢竟是兩義耶？是一義耶？若是一義，石霜九峰料不多事。若道兩義，請判意旨如何。」

峰著云：「寒泉品後煮茶香。」

頌曰：「既分貴賤辨疏親，密闡玄宗不厭頻。面面好山披洞府，脫然蛻去邈仙真。」

師著云：「升壇推轂原非細，大賞難論蓋主功。」

——清・父全、超級、德卓編錄：《櫻寧靜禪師語錄》，《嘉興藏》第 33 冊，第 524 頁。

304. 其或未然，歸堂吃茶

寓庵清禪師，興化人。中秋，上堂云：「去年人看中秋月，今年人看中秋月。今年人是去年人，去年月是今年月。還有人向遮裏著得一隻眼麼？若也著得，徑山分半院與伊住。其或未然，歸堂吃茶。」

師一日舉雲門道：「既知來處，且道甚麼劫中無祖師？」

自代云：「某甲今日不著便。」

師云：「雲門也是作賊的心虛，徑山即不然，既知來處，且道甚麼劫中無祖師，不圖打草且要蛇驚。」

——明·宋奎光：《徑山志》卷三，見杜潔祥主編《中國佛寺史志彙刊》第一輯第 31～32 冊，丹青圖書公司，1985 年，第 288～289 頁。

305. 日日相似，有甚麼過

西湖三塔妙慧文義禪師，上堂，云：「會麼？已被熱謾了也。今早起來，無窖可說，下床著鞋後架洗面，堂內展缽吃粥，粥後打睡，睡起吃茶，見客相喚，齋時吃飯。日日相似，有甚麼過？然雖如是，更有一般令我笑金剛倒地一堆泥。」拍禪床下座。

——明·吳之鯨：《武林梵志》卷十，《大藏經補編》第 29 冊，第 35 頁。

306. 正是飲茶談笑

（淨慈自得）同小參曰：「天外氣寒，家風自枯。青山運步則石女生兒，木人回氣則鐵漢破夢，月影轉光則日輪正出輝。欄外郁密而香林在，嶺上淒涼而月正清，是個好時節。諸人還會麼？能為萬象主，逐四時不凋。」

（石霜）霜曰：「天外氣寒，家風自枯，唯獨自明瞭。青山運步則石女生兒，混沌生一氣而內轉功，木人回氣則鐵漢破夢，月影轉光則日輪出輝。相隨來也，不妨如是得來。尚有氣息在，何故嘯月窗吟風軒，猶曰能為萬象主逐四時不凋！如山僧不然，曾不露混融機，正是飲茶談笑。」

（淨慈自得）示眾曰：「山河大地日月星辰，各磨一面之古鏡，各洗三餘之睏眠。諸人與我相見，還有磨古鏡底手段麼？大眾，若有道得者出來，我為你證明。苦哉！自朝至夕口喃喃地說是宣非，更無休歇之時節。是什麼用處？只管吃飯飲茶開眼寐語，可憐打睡夢漢幾時得睭睭去也。謹申學道人，光陰可惜，歲華似流。生死事大，無常迅速。山崩成海，淵變成瀨。諸法各無常，何不進取去。還會麼？五蘊身全尚不識，百骸散後何處求！」

——宋·了廣：《淨慈慧暉禪師語錄》卷一，《卍續藏》第 72 冊，第 146 頁。

307. 蓋所重所住，皆為禪病

才舉話頭，且吃茶去（趙州和尚）。恁麼也不得，不恁麼也不得，恁麼不恁麼總不得（祖師言：後來尊宿，舉揚不一）。到這裡，懸崖撒手，口耳俱喪。才有所重，便成窠臼（岩頭示眾）。應無所住，而生其心（六祖因此句悟道）。蓋所重所住，皆為禪病。

　　——明·洪蓮：《金剛經注解》卷一，《卍續藏》第 24 冊，第 758 頁。

308. 丹霞燒木佛，和尚為甚麼供養羅漢

昔翠微無學禪師因供養羅漢。僧問：「丹霞燒木佛，和尚為甚麼供養羅漢？」

師曰：「燒也不燒著，供養亦一任供養。」

曰：「供養羅漢，羅漢還來也無？」

師曰：「汝每日還吃飯麼？」

僧無語。

師曰：「少有靈利底。」

又長慶有時云：「寧說阿羅漢有三毒，不說如來有二種語。不道如來無語，只是無二種語。」

保福云：「作麼生是如來語？」

慶雲：「聾人爭得聞？」

保福云：「情知你向第二頭道。」

慶雲：「作麼生是如來語？」

保福云：「吃茶去。」

雪竇頌云：「頭兮第一第二，臥龍不鑒止水，無處有月波澄，有處無風浪起。棱禪客，棱禪客，三月禹門遭點額。即此二則公案，俱具金剛般若眼，照用現前，卻解得如來語。」

　　——明·曾鳳儀：《金剛經宗通》卷二，《卍續藏》第 25 冊，第 12 頁。

309. 只為我慢無明，不能回轉

祥符蔭曰：「廓侍者不惜手腳，於華嚴鹿門。今善侍者，以一片瓦去卻翠岩真心所礙塞，使之再向祖言下大悟。兩侍者可謂眼目諸方者矣！鹿門特為煎茶告眾曰：『參學龍象，直須仔細。入室決擇，不得容易。遮得個語，便以

為極。則道我靈利，被明眼人覷破，卻成一場笑具。圖個甚麼？只為我慢無明，不能回轉。親近上流，賴得明眼道人。不惜身命，對眾證據，此恩難報。噫！痛定思痛，真藥石之言哉！』」

　　——清‧紀蔭：《宗統編年》卷二十，《卍續藏》第 86 冊，第 208 頁。

310. 馬祖吹耳

　　一日在法堂後坐禪〔註20〕，馬祖見，乃吹師耳。兩吹，師起。見是祖，卻復入定。祖歸方丈，令侍者持一碗茶與師。師不顧，便自歸堂。

　　——宋‧普濟：《五燈會元》卷三，《卍續藏》第 80 冊，第 80 頁。

311. 茶話說話，初無有二，唯人妄計執著故有差殊

　　尋常吃茶，山僧未嘗不說話，今晚說話便喚是茶話。茶話說話初無有二，唯人妄計執著故有差殊，所以尋常日用中，法法頭頭總是觸途成滯，那裡得自在去？大眾不可道山僧尋常二六時內，並不為我們說佛說法，說禪說道，又不教我們參話頭做工夫，如何若何。總拈一條拄杖是也打，不是也打，不喊便罵。要我們挑柴擔米，運土搬磚，不顧我們通身汗雨。親近善知識著甚要緊。今晚居士設茶供眾，畢竟為我們說禪道佛法奇言妙句，令我們有個會處解處。

　　一夏以來誠不空過，若作與麼見解，莫道吃他果子，便是水也消不得。不見德山道「我宗無語句，亦無一法與人」麼？山僧豈肯開著兩片皮，鼓些粥飯氣埋沒汝等，塗汝汝等，輕欺汝等。然又不可道既無言句又無一法，便無佛無祖，無因無果，無是無非。一向無將去，者便是永嘉大師道底豁達空，撥因果，莽莽蕩蕩招殃禍，大可怖畏。又不可聞山僧與麼道，便乃休去歇去，一念萬年去，萬年一念去。抱個死話頭，等個會處，喚作黑山下鬼窟裏，是守古墓底魂靈，直到驢年去未得究竟在。既然，畢竟如何向你們道？山僧者裏也無畢竟，亦無無畢竟。若是個英靈漢子，與麼不與麼，才閒舉著剔起便行，略較些子。

　　不然，山僧再舉個古人公案向你們聽。昔日趙州和尚問一僧云：「曾到此間麼？」僧云：「曾到。」州云：「吃茶去。」又問一僧：「曾到此間麼？」僧云：「未曾到？」州云：「吃茶去。」院主便問：「和尚為什麼曾到吃茶去，未

〔註20〕洪州泐潭惟建禪師。

到亦吃茶去？」州便喚院主，主應諾。州云：「吃茶去。」你看他古人何等直截為人，人自不會，錯過善知識，善知識何曾孤負汝來？

遂擊拂子云：「還會麼？山僧為汝頌出曾到吃茶去，未到吃茶去。院主自不會，卻來討鈍置。如何是不鈍置的？」高聲喚云：「大眾吃茶去。」便起。

——清‧通曇：《雪竇石奇禪師語錄》卷六，《嘉興藏》第 26 冊，第 504 ～505 頁。

312. 此五蘊皆空之空，陷了許多人

或疑五蘊皆空，將謂身心事物竟歸幻化，到底總是一個空。將心著在空境上，牢牢摀住，必使心如死灰，全無知見，自謂已有所得。佛斥此輩，悉無醫之病，不思離了五蘊，又著此空，即此空亦是一蘊。永嘉云：「棄有著無病亦然，猶如避溺而投火。」六祖曰：「第一莫著空。」又曰：「有等迷人，空心靜坐，百無所思，自稱為大。此等迷人，為邪見故，不可與語。」此五蘊皆空之空，陷了許多人。悟不真者，執心癡住，而不若中鴆者鮮矣。大都後學，多墮此阱，佛嘗斥之，為二乘者是。然此空甚難形容，儂謂譬諸瓶中，注水則曰水瓶，注茶則曰茶瓶。若無茶水，則曰空瓶。雖曰瓶空，但謂其瓶中無物，非並其瓶而無之也。夫人真心之中有五蘊，則曰妄心，無曰空心。雖曰心空，但謂其心中無五蘊，非並其心而無之也。佛家所謂無心者，無一切妄想之心。妄想無了，真心見前。但入門淺者，不能驟見。須陶冶日深，方能豁悟。

——明‧謝觀光：《般若心經釋疑》，《卍續藏》第 26 冊，第 820 頁。

313. 逢者一杯茶一碗飯真不容易

示眾，舉地藏琛禪師曰：「諸方浩浩說禪，何如我者裏種田博飯吃。」師曰：「雖然如是，蹉過者多，錯會者亦不少，古人為生死發心，逢者一杯茶一碗飯真不容易。只如茶不是茶飯不是飯時還委悉麼？諸仁者即今在者片田地，事事現成，水足草足，比世人火坑業纏輕便多少，總是佛恩浩大，但出家時不愁衣食，正好向鐮刀上、鐝頭邊，一心辦道，以真參實悟為期。若此處一念汩沒，便昧本來，便負佛恩。諸仁者，佛法難聞，善友難遇，當生難遭，想生慚愧，想世人病根起於只圖安飽，因循過時，一些些境風吹來，

便受人我嫉妒之害，不能作主，反將日來辦行好事都變成了業障。何獨到眼光落地時，業識茫茫無本可據，乃自哀哉痛哉！莫說此話尚高遠了，古人嘗曰『袈裟下失卻人身更可憐憫』，今日安得不一告報！時不待人，急須努力珍重！」

——清·智：《青原愚者智禪師語錄》卷二，《嘉興藏》第 34 冊，第 828 頁。

314. 不是茶鍾便了

一晚，普茶次，舉雲門示眾云：「聞聲悟道，見色明心。」遂舉手云：「觀世音菩薩將錢買餬餅。」放下手云：「元來祇是饅頭。」師云：「雲門慈悲深厚，令人輾轉難明。寶華淺露些兒，直與諸人注破。」乃舉起茶鍾召大眾云：「還見麼？」擲下云：「不是茶鍾便了，說甚麼果楪。」便歸方丈。

——明·通忍：《朝宗禪師語錄》卷五，《嘉興藏》第 34 冊，第 251 頁。

315. 山僧有一味波羅蜜

茶話：「山僧有一味波羅蜜，普施大眾，能令服者止渴療饑。若是服久，靈驗且能常飽不饑，常清不渴。有下得口底麼？咄。」

——清·燈來：《三山禪師語錄》卷三，《嘉興藏》第 29 冊，第 702 頁。

316. 打殺底與供養底是同是別

師誕期，獨存禪人供茶，請茶話，師云：「雲門要打殺世尊，獨存乃供養山野，打殺底與供養底是同是別？這裡合下一語。」存禮拜。師云：「謝茶。」

——清·燈來：《三山禪師語錄》卷三，《嘉興藏》第 29 冊，第 702 頁。

317. 欲超彼岸高高立，須乘般若深深行

茶話：「乾為馬，坤為牛，子屬鼠，申屬猴。露柱燈籠鬥鬥額，呵呵大笑淚長流。昨日香壚山與半截碨論義，同聲同氣，十分綢繆，被這夥不識好惡底來我五雲請求戒法，當頭一踏，各自憼懅而休。大眾見麼？欲超彼岸高高立，須乘般若深深行。」

——清·燈來：《三山禪師語錄》卷三，《嘉興藏》第 29 冊，第 702 頁。

318. 舌頭原在口

茶話：「山僧住五雲，疏疏復落落。檀信入山來，畢竟何所作？」舉杯云：「見麼？如是作，如是受，如是因緣，大吉無咎。」放下云：「舌頭原在口。」

——清‧燈來：《三山禪師語錄》卷三，《嘉興藏》第 29 冊，第 702 頁。

319. 不須山僧饒舌

大笑禪人母難，請茶話。笑出，師云：「如何是汝報親一句？」

笑作禮。師云：「恁麼不須山僧饒舌。」

笑云：「還請和尚垂慈。」

師云：「臘八日巧相因世尊成道，闍黎誕生，成道底直悟得有生面目，誕生底便具有悟道風光。正恁麼時，闍黎在世尊眼門，世尊在闍黎腳底，喚作生亦得，喚作悟亦得，喚作有悟有生亦得，喚作無生無悟亦得。雖然如是，莫教辜負良宵夜，覷著明星大孝全。珍重珍重。」

——清‧燈來：《三山禪師語錄》卷三，《嘉興藏》第 29 冊，第 702 頁。

320. 何語非話，何物非茶

除夕，維那請開示茶話。師云：「山僧與大眾歲歲年年、日日夜夜坐則同坐，行則同行，飲則同飲，食則同食，問來答去，日用周旋，何嘗不是開示？必待今夜茶間說話，然後為開示耶？值得不違所請，葛藤一上。大凡參禪人直須一個信字，做工夫直須一個忙字。信得自己，成佛作祖，有分則禪不容不參。識得自己，了生脫死，為難則工不容不緊。工夫吃緊底方名真正參禪，真正參禪底工夫自是吃緊。所以然者，無非為這臘月三十日一著子，恐其大事不明，未免手忙腳亂。必是平日銷盡伎倆，煆盡頑軀，更無分毫掛欠，臨末梢頭乃能自在逍遙。倘於這著子見得分曉，便知入口是茶，開口是話，何語非話？何物非茶？何茶何話不為開示？除此之外，別有開示分也無？爆竹一聲催臘去，梅花幾點送春來。」

——清‧燈來：《三山禪師語錄》卷三，《嘉興藏》第 29 冊，第 702 頁。

321. 此茶不論主賓，寧拘好醜

茶話：「吃茶知是茶味，吃飯知是飯味，因甚麼又道『人莫不飲食鮮能知味』？不見僧參趙州，州問『曾到此間否』，僧云『已到』，州云『吃茶去』；

又問一僧『曾到此間否』，僧云『不曾到』，州云『吃茶去』；監院問云『和尚因甚麼到也吃茶不到也吃茶』，州喚『院主』，院應諾，州云『吃茶去』。諸禪德，若知趙州三度茶話，則茶味飯味徹底皆知。諸兄弟，須知此茶不論主賓，寧拘好醜，南北東西各一杯，虛空澆濕眉毛皺。大眾，夜寒珍重。」

　　——明·智闇：《雪關和尚語錄》，《嘉興藏》第 27 冊，第 541 頁。

322. 爐中是火，盞內是茶

　　解制小參：「結有終始，制有修短，迷悟同源，聖凡靡間，即在此時，無不了辦。久參宿學，舉著知歸，後進初機，卒難湊泊，只如威音那畔、空劫已前，生佛未分，還有結解也無？到者裏三世諸佛口掛壁上，歷代祖師緘口結舌。那邊且置，祇如現前大眾，坐立儼然。爐中是火，盞內是茶，花開庭砌，燕語梁間，與威音那畔空劫已前是同是別？但能者裏緇素分明，自然目前無法，胸內無心，外不見器界，內不見根身，上無攀仰，下絕己躬，一種平懷，泯然自盡。到者裏說個結制解制，長期短期，不覺付之一笑。且道見何道理？便乃如是。」豎拂云：「會麼？乍噴石榴紅似火，新抽蒲草利如刀。」

　　——明·通賢：《浮石禪師語錄》卷六，《嘉興藏》第 26 冊，第 596 頁。

323. 待吃茶了即向汝道

　　師云：「趙州古佛於人我山前、凡夫地上、平田淺草內指條活路，徑直截要，似更強如長安大道。若言曾到，三千里外且喜沒交涉，更買草鞋行腳始得。若言不曾到，顢頇佛性儱侗真如，兀兀騰騰虛淹歲月，折莫〔註21〕你左躲右閃側覷傍觀，終是出他圈圓不得。謝他看客，兩停不論親疏，一般管待。雖破龍團鳳餅，恐逢跂鱉盲龜。他既口苦心甜，你莫外好裏弱。本無委曲若迭嶂之青煙，不有蒙茸似幽庭之綠蘚。只如暗彰文采互換偏圓一句，又作麼生？待吃茶了即向汝道。」

　　——宋·義青：《林泉老人評唱投子青和尚頌古空谷集》卷二，《卍續藏》第 67 冊，第 280 頁。

324. 怎不旋烹建茗，慢碾龍團

　　師云：「一言道斷處，千古意分明。假如佛不出世，祖未西來，與誰抵掌

〔註21〕「折莫」今當為「折磨」。

清談，論黃數黑？雖知口闊，豈覺舌長。最初不遇作家，到了翻成骨董。這裡最是計利害處。有言成謗，開口成雙橛。無言成誑，揚眉落二三。不誑不謗，情存一念悟。如何趣向？寧越昔時迷。雲門憑麼為汝徹困，怎不旋烹建茗，慢碾龍團，特就法筵，煎點一上。何必直待重陽，選擇九日，賞東籬之菊，明西竺之心。大抵此事綿綿密密，穩穩沉沉。恰似暗中樹影，水底魚蹤，若非明眼人，莫能窺得破。除是雲門有撥天關底手，為汝變生作熟，製造將來，慢嚼細咽好生嘗，莫貪滋味徒開口。」

  ——宋·義青：《林泉老人評唱投子青和尚頌古空谷集》卷三，《卍續藏》
    第 67 冊，第 292 頁。

325. 一棒收時棒棒彰

  茶頭進，師云：「鍋裏水滾，你還知麼？」

  頭云：「時時勇猛。」

  師打出。

  刷印僧進，師云：「裝底書就是，你還知麼？」

  僧云：「一味平常。」

  師又打出。

  又僧進，師云：「適才勇猛會底也打出，平常會底也打出，你作麼生會？」

  僧云：「俱。」

  師云：「札。」

  僧無語。師又打出。

  又一僧進，師云：「適才勇猛會底也打出，平常會底也打出，俱會底也打出，你作麼會？」

  僧云：「離卻勇猛平常與俱，問將來。」

  師打云：「三段不同，收歸土科。」乃示以喝云：「一味平常真勇猛，時時勇猛也平常。俱離兩路難分解，一棒收時棒棒彰。」

  ——明·通忍：《朝宗禪師語錄》卷七，《嘉興藏》第 34 冊，第 258 頁。

326. 只者豈不是知解

  遠庵吳居士到方丈，吃茶次，師問：「順行逆行天莫測，意旨如何？」

士云：「要吃茶〔註22〕便吃，要打翻便打翻，也怪我不得。」

師云：「許你做個知解宗徒。」

士云：「一些知解也沒有。」

師云：「只者豈不是知解？」

——明‧通忍：《朝宗禪師語錄》卷七，《嘉興藏》第 34 冊，第 258 頁。

327. 示學人心病說

參禪人若有我執不除，譬如腹藏暗疾，忽遇發時，為害不淺。教乘謂見惑八十八使，思惑八十一品，及作止任滅，證悟了覺皆不離我相。此特界內界外，細中之細之執也。且勿言之，姑以日用二六時中粗相略為顯示，如清晨報鍾一鳴，大眾下單執事，此古規也。

或乃念云正好睡著，又被催迫甚麼。此我欲睡眠也。

起身穿衣，遇寒即念單布凍我，何可得綿？遇熱即念綿衣累我，何可得葛？此我愛溫暖清涼也。

板響洗面，又念同眾則濁，各洗則淨。此我愛潔淨也。

煎水未至，則論茶頭不矩。此我愛厚己責人也。

上殿禮佛，或念當前不前而在後，逼我當後不後而在前，障我幼小不宜左右而左右擾我。此我愛檢點也。

佛聲或有高低不齊，則耳根返為不淨。此我愛分別也。

入僧堂粥，又念是粥乾耶，是粥稀也，是鹹菜耶，是淡菜耶。此我愛調和也。

經行後，二板茶湯，又念是茶陳也，是茶新也，淡乎釅乎。此我愛養情也。

止靜，上連床，眼入黑水按葫蘆耳，向簾外作應捕，鼻孔遭觸忤，舌齧牛齝病，意在四大打野榵，身根放死不得死，放活不得活。此是見有坐禪不能人法無我矣。

開靜後，或小食，或中飯，念頭又在三德六味上鑽研。此又成貪戀美食之我矣。

遇普請出坡消遣興也，又念正好自在卻又造作。此我不隨順遊戲也。

〔註22〕原為「茶吃」，蓋為古時表述方式，也或誤記，此處據上下文義錄為「吃茶」。

善知識，或行或坐，當宜請教。又念欲問語恐不中和尚意，欲答語恐不超眾人見，不超不中，未免耳紅面熱。此病陷於困井不能萃而升之也。

從上諸病皆是老僧一一害過底，都原只為有身，只為有我。《論語》云：「毋意毋必，毋固毋我。」《老子》云：「吾有大患，為吾有身，苟如無身，吾有何患？」《莊子》云：「吾喪我。」《瞿曇》云：「無我相，無人相，眾生相，壽者相。」此古人治我之法也。

我病已害矣，然則知子莫如父，爾輩有麼有麼？若有，請以古人數句曉語醒之。此又是老僧嘗過之藥耳。

雞鳴當早起，披衣徐下床，兩手捧香花，供養佛法僧。此可消貪睡之我矣。

窮釋子口稱貧，實是身貧道不貧。窮則尋常披縷褐，道則身藏無價珍。此可消貪衣之我矣。

四大無主，復如水遇曲逢，直無彼此淨穢兩處，不生心壅決，何曾有二義？此可消執淨之我矣。

師誦此經，經一字字字爛嚼醍醐，味醍醐之味，珍且美不在唇，不在齒，只在勞生方寸裏。此可當清晨一甌蜜湯矣。

能禮所禮性空寂，感應道交難思議，我此道場如帝珠，諸佛菩薩影現中。入此可無檢點之我矣。

同行同坐又同臥，水石江山穿透過，無面無唇無舌頭，巴歌雪曲隨他和。此可消入眾分別之我矣。

學道不通理，復身還信施，長者八十一，此樹不生耳。悟此則消我愛調和矣。

清風習習徒爾言，趙州言下太無端，一口和甌百咂碎，方知此話不周全。體此可無養情之病矣。

飲食於人日用長，精粗隨分塞饑瘡，嚼下三寸成何事，不用將心細較量。此可消舌根之愛矣。

處處逢歸路，頭頭是故鄉，本來現成事，何必待思量。此得普請遊戲之妙矣。

當知眾生心內佛為佛，心中眾生說法，佛心中眾生聽，眾生心內佛說法，又當知眾生心內佛無法說佛，心中眾生無法聽悟。此可得問答無礙矣。

復有三個神效方兒，不妨以御不虞：

外息諸緣，內心無喘，心如牆壁，可以入道。此單治坐禪方子也。

任性逍遙，隨緣放曠，但盡凡心，莫存聖解。此單治十二時中執礙也。懸崖撒手，自肯承當，絕後再蘇，欺君不得。此單治大事不明也。

若能透過此葛藤，自然頭頭上顯，物物上露，入水不溺，入火不焚，奚獨消其前病，即見思諸使，共我無生矣。絕學無為閒道人豈虛稱也哉。

——明・廣真：《吹萬禪師語錄》卷十八，《嘉興藏》第 29 冊，第 542～543 頁。

328. 更須知茶味本甜，棗味本苦

茶話：「茶味本苦，棗味本甜。更須知茶味本甜，棗味本苦。其味是諸佛之導師，汝等學佛莫若學導師為上。眾中還有知此味者麼？不然，老僧為汝下個注腳去。」良久云：「珍重。」

——明・元賢：《無明慧經禪師語錄》卷一，《卍續藏》第 72 冊，第 188 頁。

329. 如何是禪

居士問：「如何是禪？」

師打。士喝。

師復打云：「今日風頭太硬。」乃云：「棗紅茶綠，水碧山青。雲開萬里，佛日輝騰。真人無位，越色超聲。於斯薦得，非古非今。」卓杖一喝云：「喝下明機，看破臨濟家風。棒頭廓徹，捉敗德山門戶。然雖如是棒喝，向上有事在。眾中若有個頂顊具眼，通身是口的衲僧出來道得拄杖子，禮拜有分。設或未然，聆上座與諸人下個注腳去也。朕兆以來，黑漆桶，承師命，掛須彌峰，那吒八臂難遮掩，千眼大悲覷莫窮。」擲杖鼓掌，呵呵下座。

——清・聆：《懶石聆禪師語錄》卷一，《嘉興藏》第 28 冊，第 640 頁。

330. 如何是茶

問：「渴憶洞庭霜後橘，困思天竺雨前茶。橘則不問，如何是茶？」

師云：「與你一盞。」

僧曰：「學人今日已知香味。」

師云：「也是畫餅充饑。」

——宋・惟白：《建中靖國續燈錄》卷第二十五，《卍續藏》第 78 冊，第 797 頁。